低代码在制造行业

数字化实践

张　彤　徐翔轩　得帆云团队 ◎ 著

电子工业出版社

Publishing House of Electronics Industry

北京 · BEIJING

内容简介

制造企业数字化转型往往受困于复杂的技术架构、匮乏的数字化人才及高昂的开发成本。与传统的高代码开发模式相比，低代码开发通过所见即所得的表单、可视化的流程、可复用的配置模板等，使企业员工快速理解业务，自主开发应用程序，加速企业数字化场景落地。

多年来，得帆沉淀了大量大中型企业复杂业务应用的落地案例。本书将聚焦制造业场景案例的实施思路和方法，帮助用户了解得帆低代码平台的支撑能力和应用潜能，为行业应用和客户选型提供最佳实践参考，也为企业加速低代码和业务的深度融合、实现数字化创新做出示范。

图书在版编目（CIP）数据

低代码在制造行业数字化实践 / 张彤，徐翔轩，得帆云团队著 . —北京：电子工业出版社，2023.12

ISBN 978-7-121-46729-5

Ⅰ . ①低… Ⅱ . ①张… ②徐… ③得… Ⅲ . ①制造工业 – 数据处理 – 研究 Ⅳ . ① F407.4

中国国家版本馆 CIP 数据核字（2023）第 224266 号

责任编辑：王天一
印　　刷：天津千鹤文化传播有限公司
装　　订：天津千鹤文化传播有限公司
出版发行：电子工业出版社
　　　　　北京市海淀区万寿路 173 信箱　　　　　邮编：100036
开　　本：720×1000　　1/16　　印张：21.25　　字数：517 千字
版　　次：2023 年 12 月第 1 版
印　　次：2025 年 6 月第 2 次印刷
定　　价：79.80 元

凡所购买电子工业出版社图书有缺损问题，请向购买书店调换。若书店售缺，请与本社发行部联系，联系及邮购电话：（010）88254888，88258888。

质量投诉请发邮件至 zlts@phei.com.cn，盗版侵权举报请发邮件至 dbqq@phei.com.cn。

本书咨询联系方式：wangtianyi@phei.com.cn。

推 荐 语

制造业数字化改革由来已久，但大型企业转型往往会陷入"人力成本居高不下、速度质量难两全"的怪圈。低代码将高代码封装成可视化的组件与模块，将业务流程、软件开发和科学运营等理念整合到一起，快速满足企业级数字化应用的动态开发和迭代需求。本书详细介绍了如何使用得帆云 DeCod 低代码平台搭建企业复杂场景应用，相信对每一位身在数字化浪潮中的人都有很大帮助。

——广西玉柴旗下子公司星网智云科技有限公司总经理 韦炜

软件行业发展多年，低代码横空出世后，将重塑传统的开发模式和服务模式。本书深入浅出地介绍了低代码平台的概念、应用和优势，并通过多个案例分析和实际操作，帮助读者了解如何在制造业中运用低代码技术实现数字化转型和创新。无论你是专业的 IT 技术人员，还是非 IT 技术背景的咨询顾问、业务主管、产品经理、企业 CIO 等，都可以通过这本书了解低代码和数字化。

——亿欧上海公司总经理 缪国成

国内制造企业使用低代码和零代码的时间较短，并未十分深入，因此行业内累积的深度参考案例并不多。这本书将填补这部分的空白，向业内提供大量来自 500 强企业和行业龙头企业颇具代表性的实施案例，帮助读者进一步了解低代码和零代码是如何支持企业未来长期的布局的，为想要了解低代码的伙伴提供最佳参考。

——上海市工业互联网协会秘书长 王旭琴

P 前言
reface

数字化转型是当前企业转型升级的必经之路，而制造行业尤其需要通过数字化转型来提升竞争力。由于制造行业的复杂性和多样性，传统的软件开发方式已经无法满足企业的需求。低代码技术以其开发速度快、易于维护和灵活性强等优势，成为数字化转型的重要工具之一。

毫无疑问，对传统开发技术而言，低代码技术是一场技术革命。传统的软件开发需要大量的编码工作，涉及多种技术和工具，需要专业的开发人员投入大量的时间和精力。而低代码技术极大地减少了编码工作的工作量，提高了开发效率和质量，使开发过程更加容易和高效。

低代码技术对于传统开发技术的改变就像是汽车对马车的改变，将深刻地影响和改变企业的数字化转型和发展道路，因此世界的知名软件巨头，包括 SAP、微软、西门子、Salesforce、Oracle 等都推出了自己的低代码产品。

通过低代码技术，企业可以快速地部署应用，极大地降低了开发成本，缩短了开发时间，提高了开发效率，还可以充分利用现有的技术资源。在数字化转型的过程中，低代码技术可以帮助企业实现数字化升级和转型，提高企业的竞争力和市场价值，为企业的可持续发展提供有力支持。

除了具有快速开发和部署的优势，低代码技术还可以帮助企业更好地理解用户需求和业务流程，提高数字化转型的成功率。通过低代码开发技术，企业可以更加灵活地调整和优化应用，为用户提供更好的体验和服务。

因此，低代码技术在制造行业数字化转型的过程中具有重要的作用。

作为上海得帆信息技术有限公司（以下简称"得帆"）的 CEO，我有幸参与了很多大中型企业的数字化转型项目。在这些项目中，低代码技术的优势得到了充分的体现。随着低代码技术的不断发展和完善，它已经成为数字化转型不可或缺的一部分。

同时，我也发现很多的客户在期初选型过程中或多或少都会有如下担心：低代码软件适用于哪些场景？低代码技术的边界在哪里？使用低代码平台可以解决简单场景，是否可以解决复杂场景？这些问题我们会在本书中进行详尽的解答。

在本书中，我们将分享一些来自实际项目的低代码应用案例，这些案例将涵盖制造行业的多个领域，包括食品制造、医药制造、装备制造、汽车制造等。这些案例将向读者展示低代码在制造行业中的应用场景和优势。希望本书能够给读者带来实际的帮助和启示。

此外，很多朋友都有疑问：得帆服务了非常多的 500 强大型企业，是不是只有大型企业才能把低代码用好？或者说是不是只有大型企业才能使用低代码提高效率和降低成本，只有大型企业才有经济实力去购买和使用低代码软件？低代码、零代码的定位是什么？我根据与众多客户 CIO 的访谈和得帆在项目中的实践，讲一些大实话。

首先，大家都对超大型企业，如比亚迪、吉利、长城汽车、宝洁、玉柴等企业有一定的误解，认为这些大型企业因为人员众多、机构复杂、流程复杂，所以效率比较低。但是实际上，和大家想象的不一样，这些大型企业的效率、成本管理、精细化管理都远胜中型企业，更不要说小型企业。这些企业之所以成为行业的佼佼者，与它们的追求极致的效率、风控、运营管理息息相关。因此，这些大型企业才会积极考虑使用低代码工具，进一步提高自身效率、降低成本，并且也实实在在取得了成绩。所以如果学习这些大型企业，需要的就是做它们验证过的事情，这样才能在市场中不断地进步，或者不至于退步。

其次，目前已经有很多大中型企业、收入 10 亿元以上的上市公司，开始使用低代码平台，并且逐步产生了非常不错的效果，产生的收益远远大于投入的成本。大家可以算一笔账，外包十名程序员一年的费用至少要 200 万元，在一家中型企业，一套低代码平台就可以替代这十名程序员，甚至更多。最重要的是，原来半年以上的开发周期现在被缩短到 1 个月，甚至更短。时间才是最大的价值，正如比亚迪总裁王传福所说，"现在不是大鱼吃小鱼，而是快鱼吃慢鱼"，所以对中型企业而言，需要担心的不是产品贵不贵，自己能不能用好，能不能提升效率，而应该担心如果不尽快行动，就会被追求效率和成本的竞争对手快速超越。

再次，很多朋友对零代码产品和低代码产品的选型有困惑，认为零代码产品是最终业务用户使用的，而低代码产品是 IT 人员使用的。就我们在市场的调查来看，广泛的使用是指至少有十分之一的业务用户能够直接使用并构建各种应用，因此零代码产品被最终业务用户广泛使用其实还比较遥远。这是因为在企业中，零代码的规模化应用还有非常多的限制。

- 安全性的要求：企业数据安全、应用安全、权限安全等有一系列的要求和规范，而最终业务用户的重要的业务数据的录入和查询不会在零代码平台中完成，如果把这些业务数据录入，会严重地违背企业数据安全的规范和要求。

- 真实的易用性：目前虽然零代码产品是拖曳的形式，但是并不能和 Excel 一样简易地使用，甚至更为简易的多维表格也没有被业务用户广泛使用。零代码产品仍需要使用者具备很多 IT 的基础知识，例如表单字段的构建、复杂的业务模型的设计。但是这并不能说明最终业务用户无法使用零代码产品，因为要做到和 Excel 一样方便，不仅需要产品功能简便和易用，还需要进行大量的市场教育和培训。在当当网上，与如何使用 Excel 有关的书籍常年在计算机类图书排行榜上名列前十。所以零代码想要走 Excel 的路，不仅要求产品的功能简便和易用，还要夯实群众基础。这就是为什么阿里巴巴、腾讯、字节跳动等公司要在零代码投入上花大力气，但是中小型的软件公司很难实现这样的市场教育和投入的工作。

- 零代码和低代码在企业中的定位。近期某零代码厂商在直播中明确表达，零代码适合做需求的原型，以及简易、小型的业务应用，而不适合做复杂的应用和多部门协作的应用，我非常认可这个零代码厂商的定位。作为低代码厂商，一方面需要解决企业复杂的应用搭建和开发，另一方面，需要解决零散的小型应用。因此在 Gartner 的分析报告中，看不到零代码产品分类，包括 Hype Cycle 和 Magic Quadrant 中只有 LCAP（低代码应用平台），而没有零代码应用平台，只有在国内竞争格局报告中，才把零代码厂商叫作公民开发应用平台，也就是说，LCAP 要包括低代码和零代码的产品。

  因此作为低代码厂商，要在一个底座上解决两类需求：一类是开发者的复杂业务需求，一类是公民开发的零散简易需求。如果低代码厂商没有意识到需要解决这两类需求，迟早会被市场淘汰。对客户而言，维护和学习一套产品肯定比两套产品更容易，投资成本也更低。无论是低代码还是零代码，初期的推广和培训工作都是由 IT 部门或 IT 人员完成的，所以为客户提供一个一体化的工具远远胜过为客户提供多个工具的组合。如果低代码平台没有一个一体化的 iPaaS 做支撑，那么这个低代码平台也是不合格的，对于 iPaaS，这里不过多阐述，其主要解决的是数据集成和数据打通的问题。所以对低代码产品而言，必须涵盖低代码、零代码、iPaaS 三个组件才是合格的产品。

- 谁才是低代码和零代码真正的使用者和拥护者？毫无疑问，最容易接受数字化变革的这批人是低代码的使用者和拥护者。但是正如《华为数字化转型之道》中所描述的，对企业来说，数字化是一场变革，而不是一个享受之旅，这必然带来非常多的痛苦，往往董事长和总经理都是数字化变革的拥护者，但是在变革的过程中，会遇到各种各样想象不到的困难，所以明确哪些人是这场变革最坚定、最支持的人是非常重要的。从我们的实践中可以了解到以下 3 类人是低代码的拥护者。

第一类，IT 部门或数字化部门的用户。他们是最支持低代码的用户，因为他们距离数字化最近，每天耳濡目染，同时能够站在企业自身角度考虑问题，所以低代码对 IT 部门或数字化部门的用户来说提质增效最明显，以前需要几个月才能完成的事情，现在几周就完成了。由于低代码具有易用性，这样 IT 部门或数字化部门与业务部门的联系也更紧密了，也有了更多的共同语言。

第二类，业务部门的 ITBP 或数字化专员。这类用户与总部 IT 部门的用户有所不同，因为他们驻扎在一线，所以能非常直观地感受到业务随时变化带来的各种压力。虽然这类用户对业务和数字化的理解很强，但是开发能力不强，低代码的横空出世给这类用户带来了福音，极大地弥补了他们不懂编写程序的短板，可以迅速地帮助业务部门搭建各种灵活的应用，以快速满足业务部门的需求。

第三类，产品研发、人力资源部门、变革管理部门的用户。他们自身的基本素质较高，日常就使用各种软件，也有比较强的数字化意识，希望利用数字化技术武装自身的业务流程，帮助他们的部门提质增效。

综合这 3 类人群，他们有几个特点：这些用户都具备很强的数字化意识，自然就成为数字化变革的拥护者；这些用户的基础素质很高，可以很快学习和掌握低代码的各种知识与操作技巧，并顺利通过低代码的专家认证，动手能力强；这些用户对自身的业务或对用户的业务比较熟悉，可以把业务和数字化通过低代码紧密结合起来，真正实现高效发展。

本书到底适合哪些人阅读呢？本书适合数字化领域的从业者及制造行业的从业者阅读，尤其是那些希望了解低代码技术如何在制造行业的数字化转型中发挥作用的读者。本书将介绍低代码技术的基本概念和应用场景，分享来自实际项目的低代码应用案例，以及在数字化转型中的实践经验和启示。读者可以通过本书了解低代码技术在制造行业的应用和优势，并在实践中探索数字化转型的成功之路。

本书对制造行业的不同角色都有不同的帮助和启示。

- CEO 或总经理：本书可以帮助 CEO 或总经理更好地了解低代码技术在数字化转型中的应用和优势，从而更好地引领企业进行数字化转型。

- CIO：本书可以帮助 CIO 了解低代码技术的基本概念和应用场景，以及在数字化转型中的实践经验和启示，帮助 CIO 更好地应用低代码技术，推动数字化转型。

- 业务部门主管：本书可以帮助业务部门主管了解低代码技术的基本概念和应用场景，以及在数字化转型中的实践经验和启示，帮助业务主管有的放矢地进行数字化转型，快速、高效、低成本地解决业务当中遇到的数字化问题。

- 咨询顾问：本书可以帮助咨询顾问更好地了解制造行业的数字化转型趋势和需求，以及低代码技术在数字化转型中的应用和优势，为企业提供更好的咨询服务。
- 开发人员：本书可以帮助开发人员更好地了解低代码技术的基本概念和应用场景，以及在数字化转型中的实践经验和启示，帮助开发人员更好地应用低代码技术，提高开发效率和质量。

值得一提的是，本书也将介绍低代码技术的最新进展和未来发展趋势，帮助读者更好地了解低代码技术的发展方向和应用前景。尤其在 2023 年，AIGC 逐渐成熟，更加推动了"AIGC+ 低代码"自动化生成软件的快速发展。

总之，本书将全面介绍低代码技术的基本概念和原理，以及低代码技术在制造行业数字化转型中的优势和应用，帮助读者更好地了解低代码技术的优势和适用范围。同时，本书还将探讨低代码技术与 iPaaS、无代码和 BPM 等多个软件的关系，帮助读者更好地应用低代码技术，推动企业数字化转型。

低代码逐步取代传统开发模式已经是大势所趋，它提高了开发效率，大幅度降低了开发成本，"AIGC+ 低代码"更是为低代码插上了翅膀。虽然困难还有很多，低代码产品还有很多不足，但是科技的车轮已经高速转动起来了，希望读者能够通过本书了解低代码在制造行业数字化转型中的应用和优势，并在实践中探索数字化转型的成功之路。希望本书能够为读者在数字化转型中提供实用的经验和启示，期待读者能够分享自己的经验和故事。

得帆信息创始人兼 CEO　张彤

2023 年 5 月 28 日于上海

目 录
Contents

第三章　低代码平台破解制造企业的数字化困局

第四章　制造企业数字化转型的成功要素和未来展望

第一章

低代码平台简介

第一节　低代码的定义和优点

一、低代码的概念

也许很多人对低代码这个词相当陌生。低代码（Low-Code）正式被提出可以追溯到 2014 年，当时全球最具影响力的独立研究咨询公司 Forrester 正式提出了低代码的概念。低代码是一种软件开发方法，它使开发人员能够通过图形界面、拖曳组件和模型驱动的逻辑，快速构建和部署应用程序，而无须编写大量的代码。低代码开发平台（LCDP，Low Code Development Platform）是指通过为开发者提供可视化的应用开发环境、基于封装组件的通用模块，降低应用开发时编写原生代码的需求量，可以便捷完成应用程序搭建的开发平台。

经过了几年的发展，2018 年，低代码成为全球科技行业业备受关注的技术之一。也就是在 2018 年，全球最具权威的 IT 研究与顾问咨询公司 Gartner 提出，低代码平台是一个应用程序平台，它使用声明性的高级抽象程序及一步式部署来支持快速的应用程序开发、部署、执行和管理。

综合了多家权威机构的概念定义，得帆云团队这样总结：低代码是一种软件开发方法，它使开发人员能够通过图形界面、拖曳组件和模型驱动的逻辑，快速地构建和部署应用程序，而无须编写大量的代码。而低代码平台就是使用低代码进行开发，能快速部署应用程序的平台。低代码平台旨在简化应用程序的开发过程，降低开发难度，缩短开发周期，并使非专业人士（如业务分析师、产品经理等）也能够参与到应用程序的开发中。

（一）低代码和低代码平台的特点

低代码平台具有以下特点。

- 可视化界面：通过直观的图形界面设计应用程序，用户可以拖曳组件以构建应用的界面和功能。

- 快速开发：低代码平台提供了一系列预构建的组件和模板，这些组件和模板可以轻松地集成到新应用程序中，从而大大缩短开发时间。
- 易于维护：由于低代码平台减少了编写代码的数量，因此维护应用程序变得更简单。当应用程序需要进行修改或升级时，可以通过图形界面轻松实现，而无须深入了解底层代码。
- 可扩展性：很多低代码平台允许开发者编写自定义代码以实现特定功能，这为应用程序提供了更高的灵活性和可扩展性。

低代码技术使企业能够更快地响应市场需求，提高生产力，并降低开发成本。它已经在各个行业和各种场景中得到广泛应用，包括业务流程自动化、客户关系管理、移动应用程序开发等。

（二）低代码、aPaaS 与 iPaaS

低代码也被称为 aPaaS（Application Platform as a Service，应用程序平台即服务）产品。Gartner 对 aPaaS 所下的定义是："这是基于 PaaS（Platform as a Service，平台即服务）的一种解决方案，支持应用程序在云端的开发、部署和运行，向用户提供软件开发中的基础工具，包括数据对象、权限管理、用户界面等。"

aPaaS 隶属于 PaaS。在云架构中，PaaS 是中间层，其上层是 SaaS（Software as a Service，软件即服务），其下层是 IaaS（Infrastructure as a Service，基础设施即服务）。SaaS 供应商将应用软件统一部署在自己的服务器上，用户可以在互联网上直接访问，即开即用。常见的 SaaS 产品包括 CRM（Customer Relationship Management，客户关系管理）、OA（Office Automation，自动化办公）、ERP（Enterprise Resource Planning，企业资源计划）等。IaaS 本质上是一种 IT 基础设施。IaaS 供应商向用户提供计算、存储、网络等基础硬件资源，用户可以按量付费，租用 IaaS 供应商部署好的硬件资源，并在这些基础硬件设施之上部署和运行各种应用程序。而 PaaS 将研发应用程序的平台作为一种服务，允许用户在平台上完成应用程序的开发、部署、运行和管理。

除了 aPaaS，PaaS 还包括 iPaaS（Integration Platform as a Service，集成平台即服务）。Gartner 对 iPaaS 所下的定义是："促进开发、执行和集成流治理同任何本地（On-Premises）及基于云的流程、服务、应用、数据连接的一套云服务，可以在独立的或多个交叉的组织中进行"。iPaaS 连接企业内部的各种应用程序、系统和技术，是集成和打通平台，它允许部署和维护集成流，而不需要在企业内部或企业与第三方之间使用硬件或插件。

B 端需求最大特点是非标准化，非标准化会带来效率问题。而市场对应用开发的需求将大大高于 IT 公司的产能。在数字化转型浪潮之下，企业的应用开发需求会十分庞大。

在 aPaaS，即低代码上，可以构建大量业务应用，解决前台敏捷化应用需求。这些应用往往会和已有的系统进行集成。iPaaS 可以解决应用集成和数据集成的问题，实现大批量的数据传递、转化、异构系统整合等，大幅度提高集成效率。此外，aPaaS 和 iPaaS 的融合会沉淀大量中间交易数据，这些数据被采集、加工、处理、分析后形成数据资产，提升企业数据应用价值。

Gartner 研究副总裁兼杰出分析师 Yefim Natis 表示："iPaaS 已在全球进入主流采用起步期，覆盖了 20% 至 50% 的全球头部企业。"未来 aPaaS 和 iPaaS 的融合将有望成为企业标配，大幅度加快企业数字化转型步伐，为企业构建面向未来的下一代敏捷化 IT 架构。

二、低代码的发展历史

（一）低代码的起源

尽管低代码的概念在 2014 年才被提出，距今不过短短九年时间，但与其相关的概念和技术已经有相当长的历史。

1. 4GL

低代码的历史，最早可以追溯到 20 世纪 80 年代，第四代编程语言（4GL）的诞生。第四代编程语言旨在简化编程过程，通过高度抽象来提高开发效率。尽管这些语言不是纯粹的图形化工具，但它们在简化编程过程方面迈出了重要的一步。

2. RAD

20 世纪 90 年代，RAD（Rapid Application Development，快速应用开发）方法诞生，它鼓励迭代开发、原型设计和用户参与。RAD 方法在当时的软件开发工具中得到了广泛应用，这些工具使用图形界面、预构建组件和代码生成技术，使开发人员能够更快地构建应用。

3. BPM 和 EAI

21 世纪初，BPM（Business Process Management，业务流程管理）和 EAI（Enterprise Application Integration，企业应用集成）平台开始出现。BPM 是一种以规范化构造端对端的业务流程为中心，以持续提高组织绩效为目的的系统化方法。EAI 是集成基于不同平台、使用不同方法建立的异构系统应用的一种技术。这些方法和技术为企业提供了新的可视化工具，来设计、执行和管理业务流程，使非技术人员可以更容易地参与到应用开发的过程中。

4. MBaaS

2010 年，随着智能手机和移动应用的普及，MBaaS（Mobile Backend as a Service，移动后端即服务）平台开始流行。MBaaS 平台提供了一种简化移动应用开发的方法，通过提供预构建的后端服务、API 和可视化工具来加速移动应用的开发和部署。

5. 低代码平台的兴起

21 世纪 10 年代中期左右，一些著名的低代码平台（如 OutSystems、Appian、Mendix 等）开始在市场上崭露头角。这些平台继承了前面几个阶段的优势，提供可视化开发、预构建组件、代码生成和集成服务等功能，使低代码平台能够为企业提供更快速、更简单的应用开发方法。

2018 年发生了美国低代码独角兽企业 OutSystems 获得 1.5 亿美元的融资和西门子以 7 亿美元的价格收购低代码平台 Mendix 两件大事，低代码进入资本家和公众视野，市场进入爆发期。

6. 无代码平台的出现

在低代码平台的基础上，无代码平台应运而生。无代码平台进一步简化了应用开发过程，让没有编程背景的用户也能够通过拖曳组件、可视化工具和配置参数来构建功能完备的应用。无代码平台的典型代表有 WiX、Bubble 等。

（二）中国低代码的发展阶段

中国低代码的发展阶段与全球低代码发展趋势紧密相连。

1. 前期实验阶段（2000 年—2010 年）

在全球快速应用开发概念逐渐兴起的背景下，中国也开始进行了一些探索性的尝试。这一阶段诞生了一些表单设计器、报表工具和流程设计器的集合，功能较简单，低代码平台初见雏形，为后来更全面的低代码平台的发展奠定了基础。

2. 成熟发展阶段（2010 年—2020 年）

随着全球低代码市场的迅速发展，中国的低代码平台也逐渐成熟。许多国内企业开始研发和推广低代码产品，这一阶段涌现了一批如今在国内领先的低代码平台，如泛微协同办公、阿里钉钉等。这些平台开始提供更加丰富的组件库、可视化设计器和集成服务，帮助企业快速构建业务应用。

3. 行业竞争与创新阶段（2020 年至今）

随着市场需求的不断增长，低代码在中国市场的竞争日益激烈，各大厂商纷纷推出自己的低代码产品，如百度智能云、华为云微应用等。此外，一些创新型创业公司也加入低代码市场竞争，如得帆等。在竞争的推动下，低代码平台的功能不断丰富，技术水平不断提升，为用户带来更好的开发体验。

我国低代码行业的发展与时代发展也有密切的关系。低代码的出现顺应国家数字化转型大潮。企业想实现数字化转型，有两种技术路径，一是自行研发数字化系统，二是借助第三方平台。自行研发对企业开发人员有极大的要求，大部分企业 IT 人员短缺，难以依靠自身力量完成数字化转型，寻求适合的第三方平台是大部分企业的首选。

简单来说，低代码的优势就是降本、增效、提质，使不懂开发的人也能完成应用的搭建，节省人力，提高效率。再加上低代码个性化和灵活性的特点，低代码产品往往能第一时间实现传统应用开发难以满足的紧急业务需求。

近几年低代码产品不断更新迭代，产品架构与设计能力不断提升，更多大规模、高复杂度的场景也能通过低代码实现，低代码的价值得到更多企业的认可。

低代码发展的历史反映了软件开发行业对提高开发效率和降低开发复杂性的持续追求。随着技术的进步和市场需求的变化，低代码平台也在继续演进，为企业提供更加强大和灵活的解决方案与应用开发工具。

三、低代码平台与无代码平台

无代码也被称为零代码。无代码平台是指无须编写任何代码就能快速搭建应用的开发平台，主要面向非开发人员。一般来说，无代码平台被归为低代码平台。

低代码平台与无代码平台的相同点如下。

- 目标用户相似：低代码平台和无代码平台都致力于降低应用开发的门槛，让更多的人参与到应用开发过程中，特别是非技术人员。
- 可视化开发方式：低代码平台和无代码平台都强调可视化开发，允许用户通过拖曳组件、设置属性和配置参数来构建应用。
- 加速应用开发效率：低代码平台和无代码平台都通过预构建组件和集成服务来简化应用开发过程，提高开发效率，缩短开发周期。

低代码平台与无代码平台的不同点如下。

- 编程能力要求不同：低代码平台通常需要用户具备一定程度的编程能力，尤其是在进行复杂的逻辑处理和定制功能的时候。而无代码平台则完全不要求用户具备编程能力，任何人都可以通过无代码平台轻松构建应用。
- 定制化程度不同：低代码平台提供了更高程度的定制化能力，允许开发人员在必要时编写代码来扩展或定制功能。而无代码平台在定制化能力方面相对受限，主要依赖平台提供的预构建组件和配置选项。
- 应用复杂性不同：低代码平台通常适用于构建更复杂的企业级应用，具有较强的扩展性和灵活性。而无代码平台则更适合构建简单的应用，如小型网站、简单的企业内部工具等。

总的来说，低代码平台和无代码平台在某些方面具有相似性，但它们在编程能力要求、定制化程度和应用复杂性方面有所不同。根据项目需求和团队配置，企业可以选择最适合的平台来满足他们的应用开发需求。

四、低代码平台的优点

低代码市场这些年的"热"绝不是空穴来风，与传统的编程开发方式相比，低代码有众多优势，足以让企业和用户选择通过低代码和无代码的方式来构建应用。使用低代码平台构建应用有以下优点。

- 降低开发门槛：在低代码平台上构建应用，只需要少量甚至完全不需要编程工作，非技术人员也能参与到应用开发过程中，缩小了技术人员与业务人员之间的技术鸿沟。
- 提高开发效率：传统应用开发周期长，效率低，导致企业错过业务和机会，是所有企业系统开发的痛点。低代码平台通过预构建组件和可视化工具，简化应用开发过程，降低开发工作量，使开发团队能够更快速地构建和部署应用。
- 降低开发成本：使用低代码平台可以减少对高级开发人员的依赖，企业不需要组建昂贵的应用研发团队。没有技术背景的用户能独立完成应用的简单搭建。复杂的业务只需要业务人员和几位技术人员就能完成搭建。此外，低代码以其封装的高质量代码，还能减少后期因代码质量低而产生的运维成本。

- 灵活性和可扩展性：低代码平台提供了高度的定制化能力，允许开发人员根据业务需求进行定制开发，不仅完美契合企业当下的业务需求，还能满足企业不同阶段的业务需求。此外，很多低代码平台还支持与其他系统和服务进行集成，从而提供更丰富的功能。
- 快速适应市场变化：低代码平台可以帮助企业快速响应市场变化，迅速调整和优化业务流程，完成系统更新维护和需求变化导致的二次开发，从而使企业保持竞争优势。
- 统一业务认知：基于可视化的应用开发环境，借助表单工具、流程设计和数据统计等模块，业务人员和技术人员能快速完成对业务理解的统一，在降低业务人员和技术人员的沟通成本的同时，能快速完成从业务构想到系统落地的完整闭环。

五、低代码可以解决哪些业务问题

低代码正在逐步帮助企业解决业务问题，低代码比较常见的应用场景如下。

- 协同办公场景：与 OA 产品相比，低代码更加灵活、轻量化，还具备独立的应用扩展能力。所有专业系统外的需求都可以使用低代码，构建内部应用中心。低代码还可以帮助企业建立统一的协同办公环境，实现跨部门、跨地区的高效沟通与协作。
- 数据收集分析：数据填报业务，例如员工评价、客户留资等，是随机的、烦琐的、不确定的、经常变化的。通过低代码，可以快速响应和实现。低代码还可以帮助企业整合各类数据，进行数据清洗、分析和可视化，为企业决策提供数据支持。
- 跨系统流程：流程管理中落实到具体的 4 级流程存在大量的表单和审批场景，传统BPM 方式对开发和技术的依赖较重，低代码可以降低对技术的依赖，把业务交还给业务部门。
- 业务流程自动化：低代码可以帮助企业将烦琐的业务流程自动化，提高工作效率，减轻员工负担。
- 现场管理业务：例如制造现场、物流现场、园区管理等。目前大量的线下业务、纸质化场景都依赖人工经验，通过低代码可以快速将业务线上化、数字化。
- 管理场景应用：围绕企业内部运营管控构建的管理应用，常见于 HR、IT、财务等领域，例如 HR 共享服务、IT 项目管理（研发 & 交付）、财务费用预算。如人力资源管理系统可以实现员工招聘、信息管理、考核等功能；财务管理系统可以进行财务数据的整合与管理，快速生成各类财务报表，满足监管和内部管理需求。
- 定制化业务应用开发：企业可以利用低代码平台快速构建更多定制化业务应用，满足特定业务场景的需求。如客户关系管理系统，可以实现客户信息的整合、分析和运营；

又如供应链管理系统，可以优化供应链管理流程，提高物流效率，降低运营成本。

● 核心系统定制：解决 ERP（Enterprise Resource Planning，企业资源计划）、PLM（Product Lifecycle Management，产品生命周期管理）、MES（Manufacturing Execution System，制造执行系统）等成熟套装软件外围业务精细化问题，引入低代码平台可以将套装软件模块化解耦和集成。

综上所述，低代码在各个业务领域都有着广泛的应用前景。在实际使用中，企业使用低代码进行应用开发，能够减少工作量，满足自身个性化需求，提高开发效率。企业就可以用更少的时间、更低的成本，将自己的业务数字化、线上化，实现降本增效。可以说，几乎每个商业组织都需要一套低代码平台。

第二节　低代码平台的功能特性

一、关于得帆

得帆信息技术有限公司成立于 2014 年，目前团队已有 500 多人。得帆现已成为国内低代码 PaaS 平台的领军者，专注于企业级应用高生产力 PaaS 领域，致力于为全球企业提供一站式应用敏捷和数据集成的数字化解决方案。

得帆已收获两轮资本青睐。A 轮融资由百度领投，微村智科跟投。A+ 轮融资由中车资本、尚顾资本领投，琥珀资本、要弘创投跟投。在资本的加持下，得帆持续扩大低代码 PaaS 在 500 强企业的领先优势。

在国内，得帆从汽车制造业切入，覆盖了 Top10 汽车制造业企业中的 8 家，在汽车制造业具有极高的占有率。得帆目前已实现了 1000 多个项目的落地，在整车制造、装备制造、医药制造、电子制造、建筑地产、家居行业、金融科技、通信运营商、新消费等众多领域全面开花，服务超过 500 家各行业大型头部企业。如图 1-1 所示，《财富》中国 500 强企业中有 154 家与得帆合作；中国制造业 500 强企业中有 167 家与得帆合作。在中国 500 强企业中，得帆稳居低代码 PaaS 领域的领军地位。同时，得帆在智能制造和工业互联网领域也有很好的拓展，与树根互联、广域铭岛、康泰斯等头部工业互联网企业有深度合作。

得帆旗下拥有得帆云 DeCod 低代码平台和得帆云 DeFusion 融合集成平台两大核心产品，聚焦低代码领域敏捷开发和集成服务双重能力，相辅相成，形成得帆在 PaaS 领域的先发优势，既满足客户快速构建业务应用的需求，又支持"无限"个性化定制。同时，得帆提供 DePortal 企业门户、得帆云 DeMDM 主数据平台和得帆云 DeHoop 数据中台等产品，助力企业快速实现数字化转型。

图 1-1　关于得帆

得帆在上海、北京、深圳、广州、杭州、南京、苏州、合肥、济南、成都、武汉、长沙、青岛、厦门、南宁、昆明、福州、玉林、重庆、西安等地拥有业务分支机构，同时有一支 400 多人的产研团队，形成 24 小时可调动的"技术＋业务"服务网络，快速响应全国的业务需求，用口碑和技术实力践行"用信息技术帮助客户幸福和成功"。

（一）得帆产品矩阵

有些低代码平台还有丰富的产品矩阵，为企业提供一站式敏捷开发和数据集成的数字化解决方案。得帆的产品矩阵如图 1-2 所示。

图 1-2　得帆的产品矩阵

其中，得帆的三大主要产品为得帆云 DeCod 低代码平台、得帆云 DeFusion 融合集成平台和得帆云 DeMDM 主数据平台。

1. 得帆云 DeCod 低代码平台

得帆云 DeCod 低代码平台是一款以无代码、低代码为核心特性的数字化应用搭建平台，致力于帮助用户以低成本、短周期、高效率的方式实现各类数字化应用。得帆云 DeCod 低代码平台提供基于云计算特征和能力的快速应用开发与部署工具，具备快速开发、测试、部署、随时调整和更新等特征，帮助用户简便、高效地完成应用系统的搭建。得帆云 DeCod 低代码平台提供公有云和私有化两个版本，以满足不同类型、不同阶段客户的数字化管理需求。

2. 得帆云 DeFusion 融合集成平台

得帆云 DeFusion 融合集成平台是融合了企业集成常用的数据集成 ETL、应用集成 ESB、能力开放 API 三个核心引擎的企业级集成平台。得帆云 DeFusion 融合集成平台基于底层可自由扩展的连接器为企业提供业务系统全方位互联互通的能力。在此基础上，对企业集成接口的资产汇总、全生命周期管理、监控预警通知、API 门户等企业集成管理必需的功能也进行了增强，全面提高企业集成管理能力。再结合得帆丰富的集成实施经验和实施能力，为企业提供"产品 + 实施"的全方位集成解决方案。

得帆云 DeFusion 融合集成平台旨在为企业重新定义集成，降低集成成本，提高集成效率，在企业面临强大内、外部压力下而不得不支撑快速变化的前端需求时，为企业提供底层支撑能力。

3. 得帆云 DeMDM 主数据平台

得帆云 DeMDM 主数据平台是业内首家基于低代码技术构建的主数据管理平台，具有低代码可视化——软件开发快、效率高，组件化——降低功能开发难度，标准化——轻松与异构系统集成的优势，匹配 Gartner 认为领先的主数据产品应具有的端到端数据管理功能、适合混合数据环境的多种部署选项、支持全面数字化转型、面向应用的平台四大能力。提供数据建模、流程定制、数据质量、系统集成和数据发布的全生命周期的主数据管理，实现组织内主数据的共享，提高企业主数据管理水平，降低管理成本和运营风险。

（二）价值主张

用户的数字化意识越来越强，对服务的要求越来越趋向于个性化，对企业应用开发的能力有了更高的要求。未来的应用交付平台需要有快速交付业务应用的能力，从而使企业有能力自主、自助定义适应其自身业务特色的应用，实现不同角色互动，从而快速将需求落地为业务。得帆认为要将数字化塑造的能力交还给企业。

得帆云 DeCod 低代码平台兼顾敏捷与智能，是未来企业快速交付应用的必要基础平台，随着各类企业对应用开发的兴趣日益浓厚，更多企业将拥抱低代码 PaaS。得帆云 DeCod 低代码平台支持专业开发和非专业开发背景的业务人员提高业务敏捷性、解决工作流问题，可以在不影响安全性的同时提供满足本地化需求和规模的应用服务，加速服务交付并创造重要的业务价值。

二、得帆云 DeCod 低代码平台简介

作为一款以无代码、低代码为核心特性的新型数字化应用搭建平台，我们将从应用搭建、基础数据维护、平台能力拓展 3 个方面简单介绍得帆云 DeCod 低代码平台的功能特性。

（一）应用搭建

使用得帆云 DeCod 低代码平台，首先要搭建应用。应用搭建需要从表单管理、审批流程、业务事件、服务集成、公式规则、数据字典、消息提醒、权限管理、应用管理等核心模块入手。

- 表单管理：表单管理模块允许用户创建和定制各种表单，用于数据输入、展示和编辑。通过得帆云 DeCod 低代码平台的可视化界面，用户可以轻松地设计和布局表单，并配置字段、验证规则和数据关联，快速构建能够适应不同业务需求的数据输入界面。
- 审批流程：审批流程模块定义并管理业务流程中的审批环节和规则。用户可以通过可视化界面创建复杂的审批流程，并指定参与者、审批条件和审批操作。该模块还提供了审批记录和实时状态跟踪的功能，使用户能够更好地掌控审批流程。
- 业务事件：业务事件模块允许用户定义和处理与业务相关的事件、动作。用户可以创建触发器和响应规则，以响应特定事件。这些特定事件可以是用户操作、数据变更或其他系统触发的动作。通过业务事件模块，用户可以实现自动化和业务逻辑的灵活配置，提高应用的响应性和效率。
- 服务集成：服务集成模块支持得帆云 DeCod 低代码平台与外部系统和服务进行集成。通过服务集成，用户可以轻松地连接和调用各种 API、数据库、云服务和其他第三方系统。无论是数据的获取和同步、与外部系统的交互，还是实现复杂的业务流程，服务集成模块都提供了强大的工具和功能。
- 公式规则：得帆云 DeCod 低代码平台内置丰富的公式和规则，用于计算、验证和转换数据。用户可以使用简单的公式语法，引用字段和函数，实现复杂的数据计算和转换操作。公式规则模块还提供了可视化的公式编辑器和调试工具，帮助用户快速编写和调试规则，提高开发效率。
- 数据字典：数据字典模块用于定义和管理应用中使用的数据实体、属性和关系。通过数据字典，用户可以集中管理应用的数据模型，并确保数据的一致性和准确性。数据字典还提供了数据关联和继承的功能，能够更轻松地组织和管理数据。
- 消息提醒：消息提醒模块用于管理、发送通知和消息。用户可以定义不同类型的消息模板，并通过消息中心将其发送给用户或特定的用户群体。该模块还支持消息的跟踪和记录，以便查看消息的状态和历史。

- 权限管理：权限管理模块用于进行应用的访问控制和权限设置，支持定义用户角色、权限组和权限规则，以多维度管理用户在应用中的数据和功能的访问权限。通过权限管理模块，用户可以确保应用的安全性和数据的保密性，实现灵活的权限控制和管理。
- 应用管理：应用管理模块用于管理低代码平台上创建的应用。用户可以在此模块中查看和管理应用的配置、版本、发布和部署。应用管理模块还提供了应用的监控和日志记录功能，可以追踪应用的运行状态和性能。

这些核心模块共同构成了得帆云 DeCod 低代码平台在应用构建方面的关键功能，使开发人员能够快速构建、定制和管理应用，降低了应用开发的复杂性和成本，提高了应用的交付速度和灵活性。

1. 表单管理

表单管理模块允许用户创建和定制各种表单。在得帆云 DeCod 低代码平台的后台，用户可以通过拖曳表单组件，以可视化的方式配置表单页面。表单组件共 3 大类，分别为常用组件、高级组件和页面布局组件，能覆盖绝大部分的日常应用场景。

常用组件共有 30 多个，多为基础表单组件，如图 1-3 所示，具体包括"单行输入""多行输入""数字输入""日期时间""人员选择""部门选择"等，可以基本满足大多数常见表单构建的诉求。简单配置这些组件后，即可实现图 1-4 中的配置效果。

图 1-3　常用组件

图 1-4　配置效果

此外，常用组件中也包含一些有业务含义，或者有额外效果的组件，如"金额""手机号码"等，如图 1-5 所示。

图 1-5　"金额"和"手机号码"组件

高级组件通常用于构建较为复杂的表单和业务逻辑。高级组件包括"单据号""数据选择""关联表单""表单按钮""子表""虚拟字段"等。

"单据号"组件支持设置自动生成单据号的规则，每次数据提交后，就可以根据规则生成对应的单据号 ID，如图 1-6 所示。

图 1-6　"单据号"组件

　　"数据选择"组件支持关联应用内的其他表单，常用于构建业务数据之间的关联关系，如图 1-7 所示。

图 1-7　"数据选择"组件

　　"关联表单"组件用于在界面上展示和当前数据相关的其他业务数据，例如当前商品的历史价格，如图 1-8 所示。"关联表单"组件的数据显示逻辑主要由用户配置的关联规则决定，展示效果如图 1-9 所示。

图 1-8　"关联表单"组件

图 1-9　"关联表单"组件的展示效果

"表单按钮"组件可以作为触发事件的埋点，例如将"表单按钮"组件的名称修改为"获取验证码"，就可以实现获取验证码的效果，如图 1-10 所示。

图 1-10　"表单按钮"组件

　　"子表"组件用于构建复杂的业务数据结构，大多数组件都支持在子表内使用。子表也支持常见的导入、导出操作，便于对子表数据进行批量操作，如图 1-11 所示。

图 1-11　"子表"组件

　　"虚拟字段"组件主要用于展示一些不需要存储但需要参考的信息，如图 1-12 所示，展示效果如图 1-13 所示。

图 1-12　"虚拟字段"组件

图 1-13　"虚拟字段"组件的展示效果

　　页面布局组件常用于对表单界面进行调整，或者提供界面信息，"静态文本""静态图片""分隔符""占位符""折叠布局""分页布局"等都属于页面布局组件。页面布局组件的展示效果如图 1-14 所示。

图 1-14 页面布局组件的展示效果

"折叠布局"组件支持将多个组件固定在一起进行展示，支持展开和收起。展开后的效果如图 1-15 所示，收起后的效果如图 1-16 所示。

图 1-15 "折叠布局"组件展开后的效果

图 1-16　"折叠布局"组件收起后的效果

"分页布局"组件支持创建多个分页，用于结构性地展示界面字段，如图 1-17 所示。

图 1-17　"分页布局"组件

表单管理中通常也能配置列表样式。在"列表设计"页面中，用户可以对列表界面的样式进行设置和调整，如图 1-18 所示。

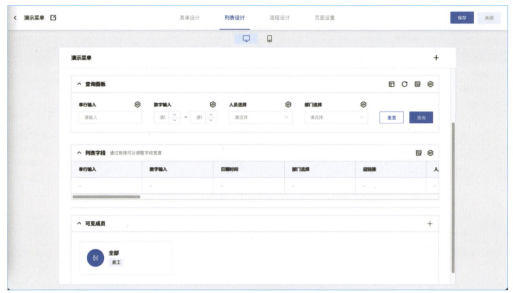

图 1-18　"列表设计"页面

如图 1-19 所示，在"列表设计"页面中，还支持配置查询字段，配置效果如图 1-20 所示。

图 1-19　配置查询字段

图 1-20　配置效果

　　同时，表单管理模块支持设置列表区域的展示字段，并且可以设置排序规则、默认分页数量和内置过滤条件等，如图 1-21 所示，配置效果如图 1-22 所示。

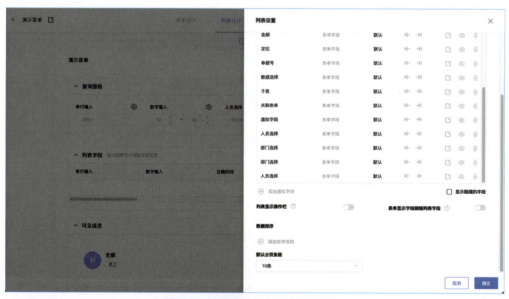

图 1-21　设置列表区域的展示字段

图 1-22　配置效果

2. 审批流程

在得帆云 DeCod 低代码平台的后台，可以使用可视化的方式配置业务审批流程，如图 1-23 所示。审批流程提供 6 类流程节点，能够满足大部分的企业业务流程场景。

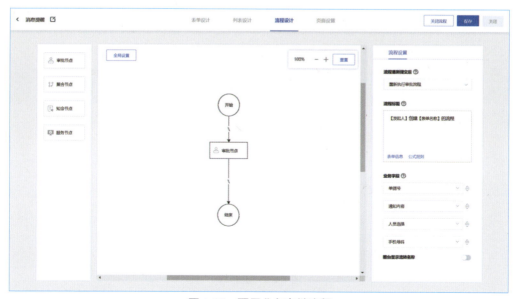

图 1-23　配置业务审批流程

一个完整的流程，必须包含开始节点、结束节点、审批节点这 3 种类型的节点及流转线。

　　审批节点是流程的主体,支持配置各节点的审批人、审批方式和审批按钮,如图 1-24 所示,配合流转线配置各业务流程的流转规则和方向,如图 1-25 所示。

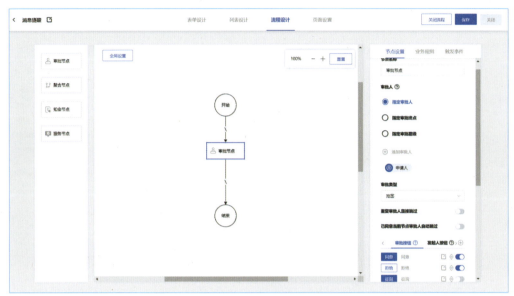

图 1-24　审批人、审批节点和审批按钮

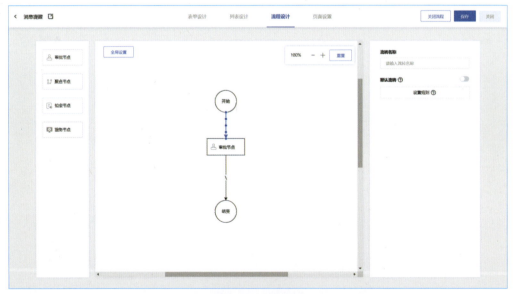

图 1-25　流转线

　　加入知会节点、服务节点、聚合节点可以满足更复杂的业务流程场景。

- 知会节点支持审批进度及时通知,覆盖大多数常见的流程信息通知需求,如图 1-26 所示。

- 服务节点用于实现流程和外部系统的对接，如图 1-27 所示。
- 聚合节点支持多线路并行的复杂流程的构建，只有聚合节点前的所有流程线路都完成后，才能进入后续流程，如图 1-28 所示。

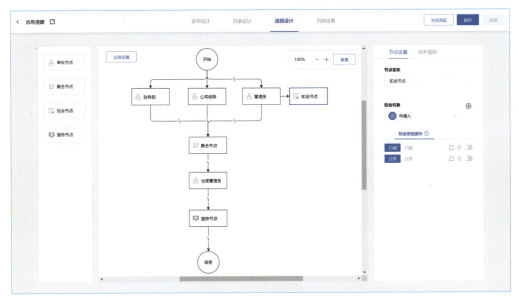

图 1-26　知会节点

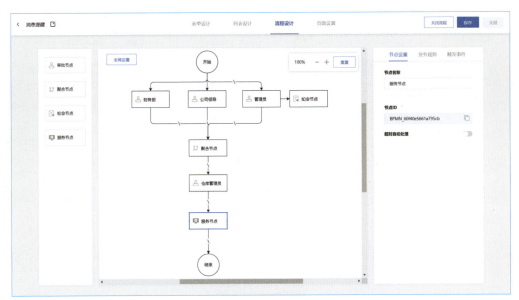

图 1-27　服务节点

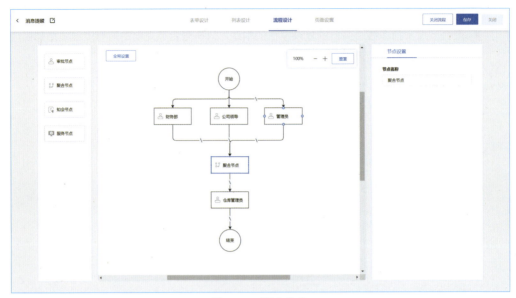

图 1-28　聚合节点

　　应用前台提交流程数据后，可以通过流程图实时跟进流程的状态，如图 1-29 所示，也可以通过审批历史查看审批记录，如图 1-30 所示。

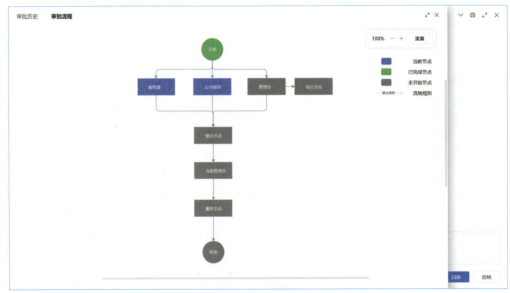

图 1-29　流程图

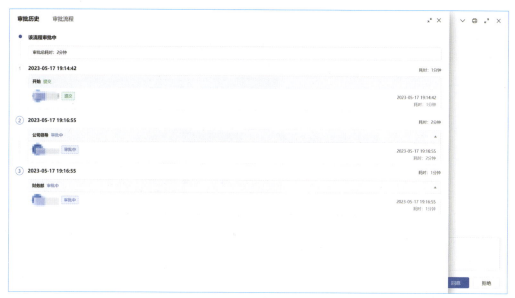

图 1-30 审批历史

3. 业务事件

业务事件模块是得帆云 DeCod 低代码平台的特色和强势模块，允许用户自行定义和处理与业务相关的事件和动作。

目前得帆云 DeCod 低代码平台支持配置审批流程触发、表单操作触发、定时触发、外部触发等多种业务事件触发方式，并且可以配置新增数据、查询数据、删除数据等 15 种类型的业务事件节点。

在"业务事件"页面中，可以查看并配置业务事件，如图 1-31 所示。进入配置页面，页面中展示了主要业务事件节点，如图 1-32 所示。

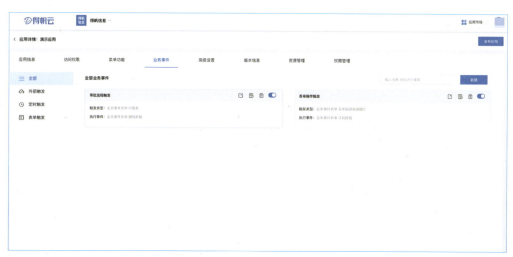

图 1-31 "业务事件"页面

图 1-32　主要业务事件节点

下面简单介绍部分常用的操作。

- 新增数据：根据数据来源节点中的数据，自动向指定的工作表中添加一行新记录，并可以获取该节点中的数据，对新增数据中的指定字段进行赋值。
- 更新数据：根据数据来源节点中的数据，自动修改指定的工作表中的特定记录，并且可以在目标表单中没有符合条件的数据时新增一条记录，常用于同步更新业务上存在数据关联性的数据字段，如员工信息变动触发项目成员信息变动。
- 删除数据：根据数据过滤规则，在流程开始执行后删除目标表单中的特定记录，常用于联动删除有业务相关性的数据。
- 查询数据：查询目标表单中符合特定规则的所有数据，如某个品牌的所有库存单，以供后续节点调用。
- 外部节点：通过自定义开发和配置的方式支持外部接口的调用，并完成传输数据、接受请求等事项。
- 自定义节点：通过代码实现自动化操作，提交目标表单的数据。
- 分支节点：根据特定判断规则，为某一特定节点可能存在的不同结果分别配置不同的后续流程。

当应用前台符合触发条件时，就会执行相关业务事件，实现相关效果。

下面以提交表单触发业务事件、执行弹窗事件节点为例，可以看到提交数据后，就会出现弹窗提示，如图 1-33 所示。

图 1-33　业务事件执行示例

4. 服务集成

服务集成模块支持得帆云 DeCod 低代码平台集成外部系统和服务进行。在"服务集成"页面中，可以查看当前租户的服务集成情况，如图 1-34 所示。

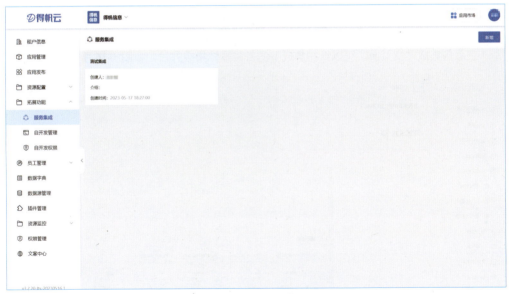

图 1-34　"服务集成"页面

通过单击"新增"按钮添加新的集成，在"新建服务"表单中可以维护服务编码、名称、类型、domain 和说明，如图 1-35 所示。

图 1-35　"新建服务"表单

在服务集成详情页面，可以维护集成下的各种具体集成方法，如图 1-36 所示。

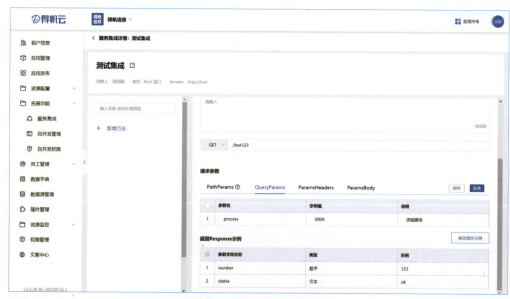

图 1-36　服务集成详情页面

保存的集成方法可以用于业务事件中的外部节点，以实现个性化业务逻辑，如图 1-37 所示。保存的集成方法也可以用于 Webhook，以实现业务信息的推送，如图 1-38 所示。

图 1-37　保存的集成方法用于业务事件中的外部节点

5. 公式规则

公式规则模块允许在应用内使用内置的公式和规则，用于计算、验证和转换数据。

如图 1-39 所示，在"表单设计"页面中，可以给单个组件设置公式规则。选中组件后，在右侧找到并开启"公式规则"配置，单击"设置规则"按钮，可以设置逻辑函数、数学函数、表格函数、文本格式函数、时间函数、获取信息函数 6 类公式规则。

- 逻辑函数是判断型函数，返回值为逻辑值 TRUE 或 FALSE，可以用它来判断一个条件是否成立。
- 数学函数是计算数字公式的函数，返回值为数值。

图 1-38　保存的集成方法用于 Webhook

- 表格函数是对子表内的数据进行条件判断后输出值的函数，可以设置返回值或返回逻辑值 TRUE 和 FALSE。
- 文本格式函数是进行格式转换的函数，可以将目标字段转换为目标格式。
- 时间函数是计算时间的函数，返回值为时间。
- 获取信息函数是获取目标字段目标信息的函数，返回值是目标字段的目标信息。

图 1-39　公式规则配置界面

下面以配置 CONCAT 函数为例，展示配置效果。CONCAT 函数属于文本格式函数，用于拼接字符串。这里我们使用 CONCAT 函数拼接"人员选择"字段和"部门选择"字段，如图 1-40 所示。CONCAT 函数的使用效果如图 1-41 所示，可以看到 CONCAT 函数已完成字段拼接。

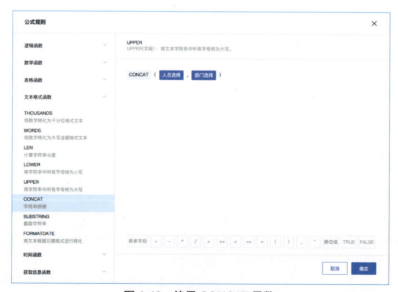

图 1-40　使用 CONCAT 函数

图 1-41　CONCAT 函数的使用效果

6. 数据字典

　　数据字典模块用于定义和管理在应用中使用的数据实体、属性和关系，如图 1-42 所示。日常工作中需要对常用的、重复使用的数据进行管理，如管理审批用语时，可以在应用程序内新增数据字典，并对数据字典进行管理。

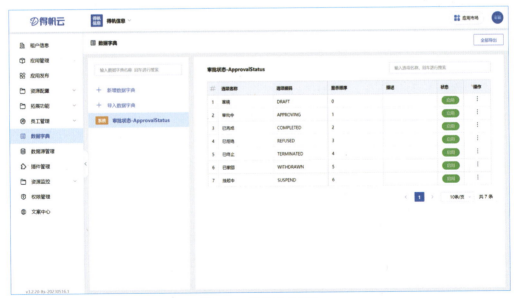

图 1-42　数据字典模块

数据字典可以通过手动或导入的方式添加，如图 1-43 和图 1-44 所示。

图 1-43　手动添加数据字典

图 1-44　导入数据字典

将数据字典按图 1-45 的方式保存后，保存的数据字典可以作为表单组件设置选项的数据来源，如图 1-46 所示。

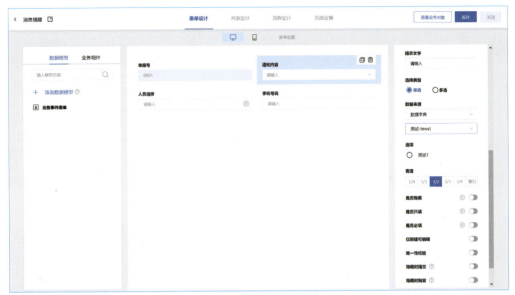

图 1-45　保存数据字典

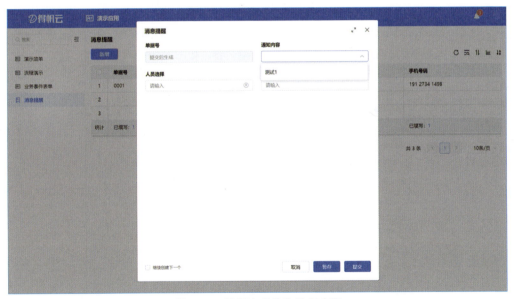

图 1-46　数据字典作为数据来源

7. 消息提醒

　　消息提醒模块用于发送和管理通知和消息。在"插件管理"页面中开启对应的消息提醒方式，系统支持的消息提醒方式包括已经集成的飞书、企业微信、钉钉、短信、邮件，也支持自定义消息提醒方式。

　　进入需要设置消息提醒的菜单，支持通过表单操作、流程操作及超时触发三大类方式设置消息提醒。流程操作触发消息提醒配置页面如图 1-47 所示。

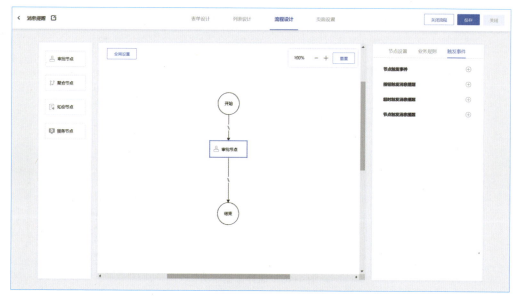

图 1-47　流程操作触发消息提醒配置页面

进入"消息提醒"页面，单击"添加提醒"按钮，在"消息提醒"表单中可以维护数据提醒范围、提醒类型、提醒对象、提醒方式和提醒内容，如图 1-48 所示。

图 1-48　"消息提醒"表单

单击应用前台的小铃铛图标，可以查看系统类消息提醒，如图 1-49 所示。

图 1-49　查看系统类消息提醒

8. 权限管理

得帆云 DeCod 低代码平台的权限分为 3 部分：平台权限、后台权限、应用权限。

平台权限主要用于管理员工在平台的操作权限，如图 1-50 所示。支持通过自定义权限角色管理平台权限，如图 1-51 所示。

图 1-50　平台权限配置页面

图 1-51　自定义平台权限角色

后台权限主要用于管理员工在后台的操作权限，如图 1-52 所示。支持通过自定义权限角色管理后台权限，如图 1-53 所示。

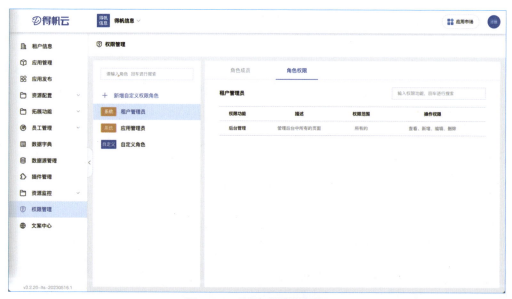

图 1-52　后台权限配置页面

图 1-53　自定义后台权限角色

应用权限主要用于管理员工在应用配置侧的操作权限，如图 1-54 所示。应用管理员默认拥有应用内的所有操作权限。支持通过自定义权限角色管理应用配置权限，如图 1-55 所示。

图 1-54　应用权限配置页面

图 1-55　自定义应用权限角色

9. 应用管理

在"应用管理"页面中，可以看到当前租户的应用清单和应用状态，如图 1-56 所示。也可以自行创建新的应用。

图 1-56　当前租户的应用清单和应用状态

单击应用名称，即可进入应用详情页面。在这个页面中可以维护应用的基础信息，包括应用名称、应用管理员，以及基础的应用样式，如图 1-57 所示。

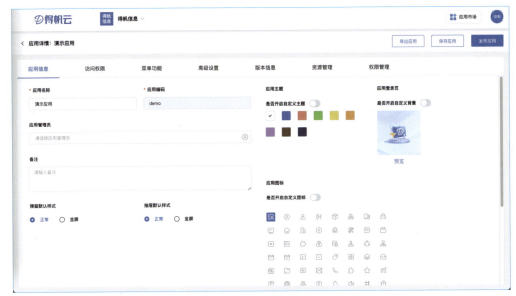

图 1-57　应用详情页面

（二）基础数据维护

在搭建应用后，就要维护并管理应用中的基础数据。基础数据分为 4 部分，分别为员工与部门、数据模型、数据源管理和多租户管理。

- 员工与部门：员工与部门模块是平台基础数据管理的重要组成部分，也是企业级应用的数据管理基石。它允许用户管理和组织员工和部门信息。通过该模块，用户可以创建和维护员工档案，定义部门层级关系，管理员工与部门之间的关联。
- 数据模型：数据模型模块是平台基础数据管理的核心模块之一。它允许用户定义和管理应用的数据结构和关系。通过数据模型模块，用户可以创建数据表和字段，构建与维护应用的基础数据模型。
- 数据源管理：数据源管理模块用于管理平台上的数据源。它允许用户连接和集成各种数据源，包括数据库、文件存储、API 服务等。通过数据源管理模块，用户可以方便地配置和管理数据源，实现数据的获取、存储和交换。
- 多租户管理：多租户管理模块用于进行多个租户的数据隔离，保证各个租户的数据的安全性。通过租户管理模块，用户可以创建和管理多个独立的租户，每个租户具有自己的数据和配置。

1. 员工与部门

在"员工与部门"页面中，可以维护租户下员工的信息，如图 1-58 所示。

图 1-58　"员工与部门"页面

支持自行创建员工账号，也可以从平台的账号库内选择已有账号，如图 1-59 所示。

图 1-59　创建员工账号

支持新增部门，如图 1-60 所示。

图 1-60　新增部门

考虑到大中型企业，部门支持层级嵌套，如图 1-61 所示。

图 1-61　部门支持层级嵌套

单击部门后，会显示该部门下的员工，支持将员工从部门中移出，如图 1-62 所示。

图 1-62 将员工从部门中移出

2. 数据模型

数据模型是一个可复用的、可以帮助用户快速建立表单的重要工具,可以通过多种方式新增数据模型。

租户的所有数据模型都可以在后台的"数据模型"页面中查看,如图 1-63 所示。

图 1-63 "数据模型"页面

在此页面中,可以根据业务场景的实际情况进行数据模型的新增、修改、查看等操作,其中,"新增数据模型"表单如图 1-64 所示。

图 1-64 "新增数据模型"表单

单击数据模型的名称跳转至该数据模型详情页面，在此页面中，可以对模型字段进行新增、启用/禁用、编辑等操作，如图 1-65 所示。

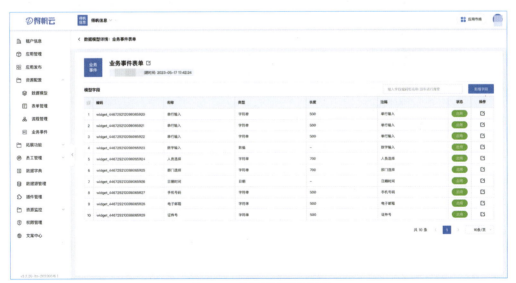

图 1-65 数据模型详情页面

如图 1-66 所示，在"添加数据模型"表单中可以引用数据模型，引用效果如图 1-67 所示。

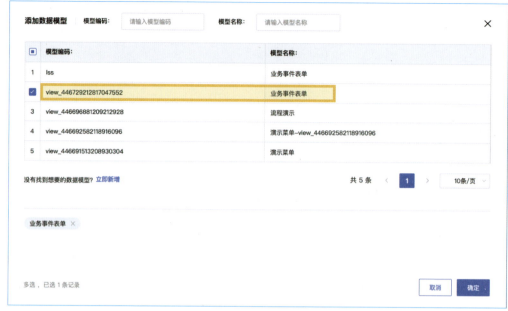

图 1-66　引用数据模型

图 1-67　引用数据模型后的效果

3. 数据源管理

得帆云 DeCod 低代码平台支持在租户侧和数据侧对数据源进行管理。

在平台管理中，可以创建租户级别的数据源，如图 1-68 所示。

图 1-68　租户级别的数据源

在创建租户时，可以选择相应的数据源，作为存储租户基础数据的默认数据源。如图 1-69 所示，在"租户数据源管理"页面中单击"新增数据源"按钮新增数据源，完成后即可选择相应数据源。

图 1-69　在创建租户时新增数据源

在后台管理中，可以创建数据级别的数据源，如图 1-70 所示。在创建数据模型时，在"数据源管理"页面中单击"新增"按钮新增数据源，可以选择新增的数据源作为存储表单基础数据的数据源，如图 1-71 所示。也可以从接入的数据源中反向读取数据，将数据集成到得帆云 DeCod 低代码平台中。

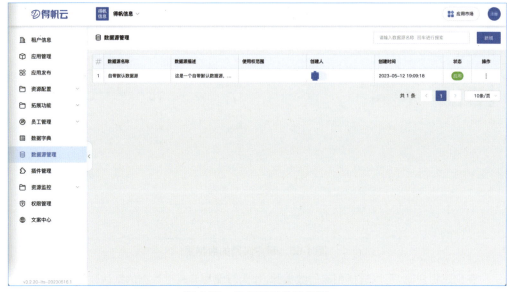

图 1-70　数据级别的数据源

图 1-71　在创建数据模型时新增数据源

4. 多租户管理

租户通常是独立的实体，可以是不同的企业、组织或部门。

每个租户都有自己的数据集、用户账户、配置和权限。通过对租户的隔离，不同的租户可以在同一个系统中独立地管理和操作其自身的数据和业务流程，同时确保租户的数据安全，保护租户的隐私。

在"租户信息"页面中，可以看到目前系统中的所有租户，也可以创建新的租户，如图1-72所示。

图 1-72 "租户信息"页面

在新增租户时，可以选择平台的默认数据源，也可以选择已经集成到平台的数据源，如图 1-73 所示。

图 1-73 选择数据源

每个租户都是物理隔离的，租户的相关配置都能存储在创建租户时选择的数据源中。

（三）平台能力拓展

除了应用搭建功能和基础数据维护，得帆云 DeCod 低代码平台还提供国际化、开放平台、应用市场三大功能，以覆盖更多使用场景。

- 国际化：允许应用开发人员在搭建应用时轻松实现对多语言和多地区的支持。通过国际化模块，可以将应用的界面和文本进行本地化操作，并根据用户的语言和地区进行动态切换。
- 开放平台：提供了与外部系统和服务进行集成的能力。通过开放平台，可以连接和集成各种第三方系统、API 服务和外部数据源，扩展应用的功能和数据交换能力。
- 应用市场：允许开发人员将他们搭建的应用发布和共享给其他用户。通过应用市场，开发人员可以展示和分发他们的应用，让其他用户轻松获取和使用。

1. 国际化

得帆云 DeCod 低代码平台的国际化体现在多个方面，分别为平台、后台多语言支持和应用界面多语言支持。

1）平台、后台多语言支持

在"多语言管理"页面中，可以看到当前平台支持的语言，如图 1-74 所示。支持上传语言包文件来拓展支持的语言，如图 1-75 所示。

图 1-74 "多语言管理"页面

图 1-75　上传语言包文件

语言包生效后，即可在个人中心内切换相应语言，如图 1-76 所示。

图 1-76　切换相应语言

2）应用界面多语言支持

在应用内，带有国际化标识的部分都可以设置多语言，如图 1-77 所示。

图 1-77　设置多语言

设置完成后，在应用前台切换语言，如图 1-78 所示，效果如图 1-79 所示。

图 1-78　在应用前台切换语言

图 1-79　切换语言的效果

2. 开放平台

得帆云 DeCod 低代码平台的开放平台，提供一站式集成服务，覆盖应用全生命周期。

得帆提供了不同规范的 API 来帮助企业获取相关能力以完善开发应用。通过不同的 API，用户在灵活搭建应用的同时，可以更好地通过 API 与企业原有系统对接，更加便捷地实现企业信息的传递，无论是内部的管理交流，还是外部的客户有效维系，得帆 API 都能起到重要的作用。

得帆 API 包含前端 API 和后端 API，可以对接得帆云 DeCod 低代码平台和外部的其他的系统 / 产品，打通两者的数据和应用，例如对接得帆云 DeCod 低代码平台和用户自己的进销存系统、ERP 系统，或者打通第三方产品与得帆云 DeCod 低代码平台之间的数据和流程，从而提高业务效率，促进部门与部门之间、系统与系统之间的协作。

在这些 API 的加持下，表单、流程引擎等各个操作环节都能实现功能的延展，控件的能力更丰富，有利于特殊复杂业务场景系统应用的搭建。

得帆云 DeCod 低代码平台还支持用户自开发页面，用户可以根据自身业务需求开发对应的页面。选择"自开发管理"选项，单击"自开发包管理"页面中的"新增"按钮，上传自开发包文件，如图 1-80 所示。

图 1-80　上传自开发包文件

　　我们也可以启用自开发配置，如图 1-81 所示。启用后单击"自开发配置"右上方的"编辑"按钮，根据图 1-82 展示的方法添加自开发资源。

　　配置自开发页面，如图 1-83 所示。

图 1-81　启用自开发配置

图 1-82 添加自开发资源

图 1-83 配置自开发页面

此外，得帆云 DeCod 低代码平台为客户提供创建组件的功能，在提升组件与业务需求契合度的同时，减少组件开发及运维的成本，提高组件的可复用性。

当普通组件无法满足用户应用开发的业务需求时，用户可以根据不同行业的业务习惯或需求自行开发贴合业务场景的组件。

在"表单设计"页面中，可以看到用户的自开发组件，对组件进行相关配置并重新发布后即可使用相关功能，如图 1-84 所示。

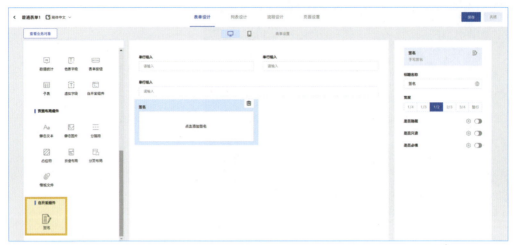

图 1-84　自开发组件

3. 应用市场

应用市场用于在全平台共享应用，只有发布上架的应用才能被显示在"应用市场"表单中。所有租户管理员都可以安装和使用应用市场中的应用，成功安装应用，且用户手动执行上线操作后，即可正常使用。

单击后台的"应用市场"按钮即可打开"应用市场"表单，如图 1-85 所示，在表单中可以查看租户下所有已安装应用和推荐应用。

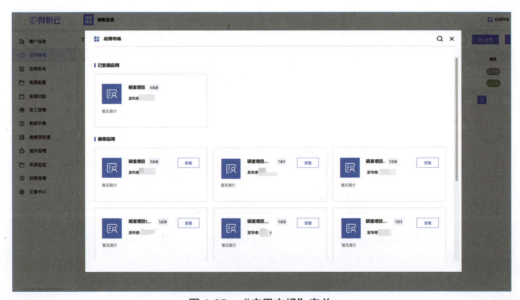

图 1-85　"应用市场"表单

　　单击"安装"按钮，进入安装应用资源确认页面，对冲突资源重新命名并选择数据存储的数据源后，即可将应用安装至租户下，如图 1-86 所示。安装的应用的应用菜单、数据模型、审批流程、业务事件等资源与原应用内容一致，发布上线后即可使用。

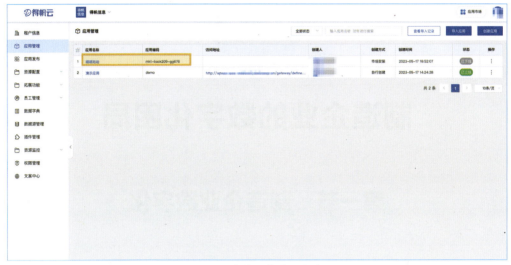

图 1-86　将应用安装至租户下

制造企业的数字化困局

第一节　制造企业数字化

一、制造企业数字化的定义

（一）如何界定制造业

制造业（Manufacturing Industry）是指机械工业时代利用某种资源（物料、能源、设备、工具、资金、技术、信息和人力等），按照市场要求，通过制造过程，转化为可供人们使用和利用的大型工具、工业品与生活消费产品的行业。

制造业可以细分为农副食品加工业，食品制造业，酒、饮料和精制茶制造业，烟草制品业，纺织业，纺织服装、服饰业，家具制造业，造纸和纸制品业，印刷和记录媒介复制业，文教、工美、体育和娱乐用品制造业，石油加工、炼焦和核燃料加工业，化学原料和化学制品制造业，医药制造业，化学纤维制造业，橡胶和塑料制品业，非金属矿物制品业，黑色金属冶炼和压延加工业，有色金属冶炼和压延加工业，金属制品业，通用设备制造业，专用设备制造业，汽车制造业，电气机械和器材制造业，计算机、通信和其他电子设备制造业，仪器仪表制造业，废弃资源综合利用业，金属制品、机械和设备修理业等。

在本书中，我们选择食品制造、医药制造、装备制造、汽车制造等重点制造行业来进行介绍。

（二）如何界定数字化转型

数字化转型指企业以数字化为基础，通过充分挖掘和利用数字资产的价值，提升自身研发、生产、运营和服务的数字化、网络化和智能化水平，进而提高其企业经营效益和客户服务体验。

"十四五"规划对产业数字化进行了非常具象化的介绍。产业数字化要求"深化研发设计、生产制造、经营管理、市场服务等环节的数字化应用,培育发展个性定制、柔性制造等新模式"。

在此,我们可以将制造业数字化转型的含义提炼为制造企业运用使能技术,实现生产方式变革和组织模式创新,进而重构、优化制造业的价值体系。

- 使能技术指一项或一系列应用面广、具有多学科特性的技术。对制造业而言,能使用的使能技术包括云计算、大数据、工业互联网、低代码等。
- 生产方式变革可以是生产工具从机械化工具向数字化、智能化工具的转变,也可以是生产对象从物质材料向数据、信息和知识的转变等。
- 组织模式创新可以是从单一关系向协作关系的转变,利益分配从按劳动分配向按价值分配的转变等。
- 制造业的价值体系重构主要体现在由卖方市场向买方市场的转变,强调技术创新能力和服务生态等,以提升制造业上下产业链的敏捷响应、协同研发等能力,更好地应对市场挑战。

二、制造企业进行数字化的原因

制造业是立国之本、强国之基,是国家经济命脉所系。作为世界第一制造业大国,我们拥有全世界最完整的工业体系,最完善的配套设施。但与此同时,中国制造业长期面临"大而不强、全而不优"的难题。制造业关键基础材料和零部件对外依赖度超过 50%,研发投入比重低,制造业基础薄弱。

全球化地缘政治紧张局势,供应链、通货膨胀、劳动力短缺更增加了人们对全球经济形势的普遍担忧。在世界未来不确定性成为常态的当下,制造业不仅面临经济增速缓慢、行业竞争加剧的困境,供应链缺乏透明度、需求剧烈变化、运输成本不断增加等问题还被无限放大。而且制造业本身就具备相当高的复杂性,如汽车制造中组成汽车的零部件数量超万个,生产设备繁杂,往往需要多个生产基地协同制造。

作为我国的重点产业,制造业数字化转型迫在眉睫。自 2017 年起,数字化转型已经连续多年在政府工作报告中被提及,国家不断下发各类指导意见和通知文件,鼓励制造企业进行产业升级,推动智能制造,实现融合创新。

2021 年 11 月 30 日,工业和信息化部印发《"十四五"信息化和工业化深度融合发展规划》(以下简称《规划》)。《规划》提出,到 2025 年,信息化和工业化在更广范围、更深程度、更高水平上实现融合发展,新一代信息技术向制造业各领域加速渗透,范围显著扩展、程度持续深化、质量大幅提升,制造业数字化转型步伐明显加快,全国两化融合发展指数达到 105。企业经营管理数字化普及率达 80%,企业形态加速向扁平化、平台化、生态化转变。数字化研发设计工具普及率达 85%,平台化设计得到规模化推广。关键工序数控化率达 68%,网络化、智能化、个性化生产方式在重点领域得到深度应用。

对企业来说,引入数字化技术有利于生产、运营、研发、营销各环节高效协同,进而降低运营成本，提高运营效率。企业得以进一步提升研发能力、生产能力、敏捷响应能力，提高供给质量和效率，提升企业核心竞争力，满足日益个性化、动态化的市场需求。在企业数字化转型的基础之上，制造业得以实现协同化、共享化发展，形成数字化产业生态圈。

数字化转型不仅意味着技术应用的创新，更重要的目的在于为企业业务带来创新，打造基于实际应用场景的数字化转型路线图，满足行业用户长期战略和短期目标协同发展的业务需求。

三、制造企业现有的数字应用架构

经过多年的建设，制造企业目前都具备了一定的数字应用基础，这些应用与企业采购、生产、质量、计量、物流、仓储、设备等关键生产要素关系密切。一般来说，这些应用包括以下类型。

- ERP（Enterprise Resource Planning，企业资源计划）。企业资源一般分为硬件资源和软件资源。企业的硬件资源有自建的厂房、办公楼、生产线、生产设备、加工设备、检测设备、运输工具等。企业的软件资源有人力、管理、信誉、融资能力、组织结构、员工素质、企业文化等。

  ERP 一般包含生产管理、物流管理、财务管理、人力资源管理等模块，对企业的人、财、物、信息、时间、空间等资源进行平衡和优化管理，以市场导向为目标，最大限度地利用企业现有资源，协调企业各部门开展业务，从而取得更好的经济效益。ERP 由 Gartner 公司提出，迄今为止，ERP 仍然是国际上最先进的企业管理模式之一，也是制造企业的核心管理系统。国内制造企业使用最多的就是由 SAP 公司研发的 SAP ERP 管理软件。

- MES（Manufacturing Execution System，制造执行系统）是一套面向制造企业车间执行层的生产信息化管理系统，负责承接 ERP 系统下达的生产计划，与 ERP 系统关系密切。MES 能通过信息传递，做到生产追溯、质量信息管理、生产报工、设备数据采集等，对从订单下达到产品完成的整个生产过程进行优化管理。需要注意的是，制造行业的 MES 带有很强的行业特征，与其他行业的 MES 不一定可以通用。

- WMS（Warehouse Management System，仓储管理系统）是一套面向原材料和成品的进出信息化管理系统。WMS 可以准确、高效地管理和跟踪客户订单、采购订单及仓库库存，通过入库管理、出库管理、仓库调拨、库存调拨等功能，适应生产策略、客户需求、生产设备、订单数量的变化，有效控制仓储业务的物流和成本，提高资源利用率，实现仓库全过程管理。

- APS（Advanced Planning and Scheduling，高级计划与排程）系统是基于供应链管理和约束理论的先进计划与排产系统。APS 考虑到制造企业产能、工装、设备、人力、班次、模具、加工批次等多种有限能力、资源的约束，依据各种预设规则，通过非常复杂的智能化数学算法，反复模拟、试探、优化、计算，最终给出最优的详细计划，解决"在有限产能条件下，精确预测交期产能，制订工序生产与物料供应最优详细计划"的问题。

- CRM（Customer Relationship Management，客户关系管理）系统是一种管理企业与现有客户及潜在客户关系的系统。CRM 通过协调企业与客户在销售、营销和服务上的交互，改善与客户的业务关系，优化客户管理方式，为客户关系的建立、发展和维持提供保障。

- SRM（Supplier Relationship Management，供应商关系管理）系统是一种管理企业与供应商关系的系统。在制造行业中，SRM 系统是极其重要的系统。SRM 系统一般包括供应商全生命周期管理，可以帮助企业规范供应商采购流程，综合考查供应商的实力，降低采购成本，全面提升供应商资质规范和管理水平。

- SCM（Supply Chain Management，供应链管理）是一种集成的管理思想和方法，它执行供应链中从供应商到最终用户的物流的计划和控制等职能，与 CRM 的关系较密切。企业通过改善上下游供应链关系，整合和优化供应链中的信息流、物流、资金流，以获得竞争优势。

- PLM（Product Lifecycle Management，产品生命周期管理）系统是一种对所有与产品相关的数据在其整个生命周期内进行管理的系统。PLM 涵盖产品设计、工艺规划、生产、销售和售后服务，能够帮助企业建立统一的研发设计和产品质量管控平台，提高研发效率和产品质量。对制造企业来说，产品结构复杂，产品研发工作的设计工期长、设计工作量大，PLM 系统在降低产品研发成本、缩短研发周期方面能起到重要作用。

- OMS（Order Management System，订单管理系统）是一种能进行订单处理、库存管理和物流追踪的系统。OMS 能够整合来自各个渠道的订单，以便企业更有效地处理订单，并跟踪订单的整个生命周期。OMS 被广泛应用于电商企业，如今也被 ToC 制造企业使用。

- OA（Office Automation，办公自动化）原来是指利用计算机进行全自动办公，现在基本所有和办公相关的系统都可以被称为 OA。OA 被广泛应用于包括制造企业在内的绝大部分企业。企业一般将 OA 用于企业内部的协作沟通，进行企业办公用品管理、日常办公流程审批、车辆管理、会议室预订等内部工作。

数字化应用、企业硬件设备、人员组织共同构成了制造企业的数字化管理架构，企业数字化总体架构示例如图 2-1 所示。同时，通过企业内部的横向与纵向集成，促进企业数字化建设与业务发展脚步保持一致。

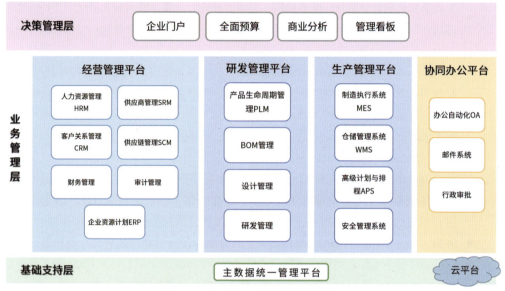

图 2-1　企业数字化总体架构示例

四、制造企业数字化面临的普遍问题

目前，制造企业都或多或少地意识到了数字化转型的紧迫性。但在实际转型过程中，企业往往会遇到以下问题和限制。

（一）自动化、精细化程度低

不少制造企业生产过程和现场管理仍然停留在手工管理阶段，自动化程度低。如在生产过程中，常用纸质表单记录生产问题，不仅文件收集、归档困难，而且执行验收过程非常不便，流程流转也非常麻烦，任何过程出现问题都会影响整个生产线和最终的产品质量。在生产过程中缺乏资源综合利用，生产过程依靠员工的经验和知识，而不是实时现场数据支持，精细化控制水平不高。而且制造企业往往缺乏跨部门和跨企业的协作能力，企业内部业务分工、组织、协调非常麻烦，导致业务发展和转型速度受限。

（二）敏态业务、个性化需求无法满足

现代市场的变化日新月异，每天都有新的市场需求。尤其是大型企业，其业务流程和场景一般更加复杂和碎片化，新的业务需求也更多，通用的商用化软件，如 ERP、MES 等，往往比较难满足企业的个性化需求。同时，企业数字化人才稀缺，大多数 IT 人才不得不将工作重点集中在运维工作上，导致企业业务开发资源紧缺，敏态需求实现困难。不少得帆的客户表示，企业人事、运营等部门的长尾需求根本拿不到 IT 排期。而且 IT 人员和资源缺乏容易导致企业整体的数字化文化建设困难，极难养成敏捷学习、积极试错、用户导向等数字化思维。

（三）技术环境、信息化架构复杂

考虑到终端设备的增长、应用需求的多样化、降低对单一云服务商的依赖和对监管需求的响应等因素，企业内部IT架构根据业务和需求不断调整，因而制造企业越发倾向混合云和多云架构。

数据大、多、杂导致的数据治理难是很多企业数字化转型的障碍，未来随着数据量的持续增多，数据类型愈发丰富，基础架构更加复杂，多云之间的数据打通与流动成为一个亟待解决的问题。

随着沉淀数字资产的增多，企业需要使用智能工具进行数据治理和数据价值的挖掘，从而生成规模化洞察，优化业务流程，为企业战略决策、运营管理、市场服务等提供指导。这对企业技术架构开放程度和数据的共享交互也提出了更高的要求。

（四）供需冲突，转型认知误区多

制造企业在进行数字化转型时，还有不少认知误区和实践盲点。

很多企业缺少对数字化转型的正确认知，数字化转型不是使用一套系统这么简单。简单来说，数字化转型"牵一发而动全身"，需要由企业自上而下贯彻实行。企业上层系统化推进数字化转型过程，各部门通力协作，调整自身的机制和流程，从业务形态、组织结构、技术管理、企业文化等方面全方位进行数字化转型。而且数字化转型没有"完成时"，只有"进行时"，企业数字化转型一定是伴随着不断深入、不断改进的目标进行下去的。因此，综合国情和制造企业的自身需求，数字化转型兼具紧迫性、持续性和复杂性，企业应做好长期、高效的战略规划。

很多企业对信息基础设施建设缺乏重视，过多重视硬件、设备的升级，轻视数字化软件的建设。就算企业完成了数字化软件的建设，公司数据往往来源于多个系统，数据难以共享，研发、生产、品控、运营等环节无法打通。此外，企业也可能面临某模块厂商专业性不足的问题，拖延企业整体数字化转型的进度。数字化信息系统的繁杂低效，轻则导致经营数据利用率低，重则产生"数据孤岛"，数字化转型白费力气。

第二节　制造企业复杂场景的定义和特点

场景一词经常被应用于戏剧领域中，指在一定的时间、空间内发生的一定的任务行动或生活画面。

在计算机软件领域，场景是一种更接地气的分析和描述用户需求的方法。产品经理以使用场景的方式描述用户需求，能更明确产品可以帮助用户解决哪些问题，产品需求的频率和强度如何，这样能使用户更好地理解产品的功能和价值。

复杂场景是相对于简单场景而言的。B端场景面向企业和组织，不仅满足用户的个人需求，而且要匹配岗位角色和专业属性的内容，加上固有的业务场景和流程，从而让场景变得复杂。这种复杂性也是天然的。在这些场景中，首先，制造生产环节中包含很多工序，每个环节都涉及产品权限控制等，且对产品能力和功能的丰富度要求极高。然后，制造企业分公司、子公司、业务部门很多，对应的业务环节也非常多，各个节点需要保障跨部门畅通协作，对产品的流程能力也有要求。此外，制造企业的员工人数和数据量众多，高并发的数据处理要求也对产品能力提出了考验。最后，制造企业往往异构系统林立，系统间的集成和打通也是一大难点。

第三节　制造企业的数字化困局与复杂场景的关系

一、制造企业数字化转型的目标

数字化转型少有行业最佳实践，但有达成共识的数字化转型方法论。制造企业数字化转型必须一步一个脚印，打好基础，高效利用数字化软件，抓好数据的采集和传输、数据模型的统一、数据的集成和流通三大关键环节。

数据采集、信息可视、数据集成、精益分析和全面转型是制造企业数字化转型的五个阶段。不同制造行业数字化转型的痛点不同，但它们转型的方向、过程、目标是共通的。

第一阶段数据采集即通过软感知（如日志、埋点）、硬感知（如条形码、二维码、传感器）等采集多源实时数据。第二阶段信息可视即实现实时数据的可视化直观呈现。在第二阶段，也需要进行元数据管理、主数据管理、数据标准管理、数据模型管理、数据质量管理等数据治理工作，遍及全生命周期，提高数据精度。第三阶段数据集成是在不同采集途径、同一采集途径不同采集工具、同一类型工具不同采集厂商等情况下，实现数据互通、生产要素互联。第四阶段精益分析是将过去依赖人工经验诊断升级至实时数据诊断，协助制造企业更高效地发现并改正生产运营问题，积累沉淀形成数据资产，为制造企业的决策优化提供科学支持。第五阶段全面转型是企业在实现内部的数字化转型后，与产业链内的其他数字化企业联动，共同构建协同创新、价值共享、能力开放的数字化产业生态圈。

因此，所有制造企业都应优先考虑通过数字技术的部署和应用来实现业务目标，形成涵盖组织、流程、产品、服务和体验等各方面的统一的数字化优先战略，进行持续、情景化、敏捷和规模化的数字化创新，这种面向未来的数字化商业模式将为企业带来显著的经济效益。大型制造企业经过长期经营，具有较成熟的业务模式和运营流程，也具有变革管理等优势，加以数字化技术的合理运用，更容易产生规模化效益。

数字技术的部署和应用一般指 ERP、CRM、OA 等企业级综合管理软件，也包括大数据、AIoT（人工智能物联网）等前沿技术软件和解决方案。制造企业一般较早投资信息化系统，处于数字化转型的相对领先地位。然而这也使制造企业内部遗留的数据和技术资产较繁杂，无形中提高了数字化转型的机会成本，加之组织架构与业务流程复杂，技术与业务融合程度受限，使其相对较早步入转型深水区。

二、制造企业数字化转型的方法

先前已经提到，制造业可以细分为医药制造业，通用设备制造业，金属制品业，计算机、通信和其他电子设备制造业等。各行业面临的痛点各异，如金属制品业的痛点是生产质量管理要求高，上下游供应链管理流程复杂；通用设备制造业需提升产品全生命周期管理的服务质量；计算机、通信和其他电子设备制造业面临的问题是设备精度要求高，人工生产效率低。

虽然不同类型的制造企业的痛点不同，但转型的方法是共通的。目前，众多制造企业对数字化的追求渐渐深入落实到了"场景化"，即更加追求技术的实用性。我们可以将制造企业亟待数字化转型的场景按特性分为三大类。

- 中长尾协同场景：一般是相对独立的场景，但目前暂未做到完全数字化，导致严重拖延企业生产管理进度。典型场景有办公协同、人力资源管理、数据填报、生产现场管理、生产设备管理等。这类场景虽然已经有基础和参考，但涉及的员工、用户众多，且流程大多需要重新梳理再线上化，并需要考虑集成问题，所以具有一定的复杂性。但此类场景可以在短期内通过低代码方式实现，以较低的成本收获较大的价值，工作效率和成果得到明显改观。且此类场景具有高频重复的特性，可以快速推广复用，帮助更多制造企业解决业务场景问题。

- 创新验证和个性化场景：企业提出的创新业务和个性化业务，如共享服务中心、AI集成、异常情况管理等。此类业务场景定制化程度高，一般还要求快速上线。由于缺少已有系统和业务流程参考，要求松散模糊且变化率高，需要从零到一进行建设，并充分考虑到人员使用习惯、流程权限规范、集成等问题，因此复杂性较高。此类场景通过低代码方式实现，可以用最快的速度做到"所见即所得"，实现业务突破。

- 跨系统的集成类场景：与企业已有系统集成，如与 ERP、OMS 等集成，实现线上线下业务协同，关键设备和业务系统数据共享。一般情况下，大型企业已有系统架构复杂，数据量巨大，集成时难度很高。此类场景通过低代码方式实现，可以化繁为简、化难为易。

当然了，制造企业内部的业务场景众多，有些场景不能被简单地归类为某种类型，是多种类型场景的综合。如供应商管理场景，除单一的供应商管理功能外，因涉及多家分、子公司供应商管理系统和采购管理系统集成与上下游供应链协作，即为中长尾协同场景和跨系统的集成类场景的综合。但无论是哪种场景，得帆云团队都能积极主动地理解业务和用户场景，并依托得帆云 DeCod 低代码平台的强大功能构建管理软件，集成先进技术，优化业务流程，降低场景的复杂性，帮助制造企业实现成本控制、质量优化和效率提升。

（一）梳理复杂业务和复杂流程，并实现线上化迁移

得帆云 DeCod 低代码平台充分利用先进的开发理念，敏捷地承接多样化的业务模式，让平台可以"多、快、好、省"地满足业务的需求。

得帆云 DeCod 低代码平台在线上可以帮助制造企业实现研发、生产、运营等流程的变革和再梳理，重塑技术研发部门、业务部门、管理部门等多个部门的职能，使僵化的业务流程变得灵活。以标准化职能管理为主轴建立一套自动化工作流程，实现资源调配、优化业务流程、降低管理成本、提高服务质量。适宜、高效的管理创新架构能够优化业务与应用的迁移流程，并使不同部门更好地发挥协同效应，及时响应敏态业务需求，减小创新阻力。

（二）已有系统处理升级，轻松实现二次开发优化

制造企业应用 ERP、OMS、WMS 等系统多年，体量庞大，二次开发成本高，周期长，且这类系统采购成本高，使用成本更高，流程灵活性差，在权限管控等方面较笨拙，集成时的难度也很高，较难满足如今快速变化的业务发展需求。制造企业的业务流程和场景一般更加复杂和碎片化，定制化应用、应用自开发必不可少。

得帆云 DeCod 低代码平台提供了大量可复用的数据模型、组件、数据标准和模块，这些模块在当下已经非常成熟，企业应用开发人员、业务人员甚至终端客户都可以参与应用开发，高效、快速完成二次应用开发和应用集成，实现复杂应用的定制和扩展。

原来，使用低代码往往从日常办公场景或边缘业务场景切入。目前，客户企业中使用得帆云 DeCod 低代码平台构建的 CRM、ERP 已经很常见，制造企业核心的复杂流程和涉及硬件的场景，完全可以考虑通过低代码的方式快捷实现。

（三）创建敏捷的开发环境，快速落地创新业务

在数字化、消费者驱动的经济中，速度和敏捷度将是成功的关键因素。随着变革持续加快，锐意尝试、快速迭代将成为未来业务战略的核心。与传统高代码的开发模式相比，低代码开发平台具有诸多优势，如简化开发流程、提高开发效率、降低开发成本、开发即部署等。低代码开发平台可以更贴合业务的个性化需求，创造真正的业务价值。这种易于定制的特征可以让企业开展敏捷开发与创新活动，加速实现业务创新和场景拓展。

成功的企业通过保持技术的强大和运营的灵活性把技术战略与业务战略结合在一起，创造敏捷的开发环境，设计并测试新应用，预测并管控意外事件的发生，在生命周期的任何阶段拥抱变化，专注于业务的持续改进，优化产品创新流程。

（四）促进资源调配，构建业务闭环

使用得帆云 DeCod 低代码平台对数据和流程进行整合，主要是根据数字化的管理需求来进行资源调配和业务流程的再造，是对一系列数字化管理系统的整合与重塑。具体来说，按照数字化的技术发展趋势，得帆云 DeCod 低代码平台可以承载重新设计了的覆盖企业全

服务周期的工作流程，并在此基础上将各种业务操作系统、职能管理系统和数据的操作入口整合到统一的界面中，使各种系统和数据库互联互通，形成完整闭环。

此外，得帆云 DeCod 低代码平台将既有系统的业务与平台分析引擎、推断技术、移动接口等各种各样的功能集成在一起，从而为核心业务构建新的交付方式。随着部门之间的交互，以及各生态系统之间的交汇和关联，企业业务将持续演变，从而促成动态的业务模式，使业务、客户、部门之间的交互充满韧性。

（五）系统集成，数据融通

制造企业庞大的生产体系包含部门之间、分公司和总公司之间，甚至海内外分公司之间的沟通协作，要充分考虑原有 ERP、OMS、WMS 等系统和新系统间的协同集成，避免出现数据孤岛。同时要注意将系统进行盘整，不盲目建立新系统并及时精简合并已有系统，增强系统的数据采集和分析功能。

得帆云 DeCod 低代码平台能充分打通研发设计、运营管理、生产制造的全业务系统和数据，与企业内外部系统和开放的数据治理方式相结合，既兼顾既有 IT 资产，又满足企业对多云、多数据类型的需求，实现整个生产制造过程的闭环，达到系统集成、数据融通、敏捷治理的效果。

得帆云 DeCod 低代码平台具有灵活的扩展能力，以搭载第三平台和创新加速器技术的各种相关应用，为第三方服务提供标准、开放的接口，从而使平台融合更多服务，例如接入边缘计算、大数据、人工智能、流程自动化等应用，以满足企业和生态伙伴特定业务的个性化服务。

第四节　得帆的制造业经验沉淀

得帆作为国内领先的低代码数字化服务平台提供商，在制造业有丰富的经验。制造业一直以来都是得帆的战略行业，目前得帆服务超过 500 家大型客户，其中 80% 聚焦于制造业。

在 Forrester 发布《Case Studies: Manufacturers In China Accelerate Value Delivery With Low Code》，即中国制造业厂商使用低代码加快价值传递的案例研究中，Forrester 选择并重点研究了 4 个案例来展示中国制造业厂商如何利用低代码平台开拓新的业务及探索新的商业模式，并对低代码平台的使用价值逐步上涨的趋势做出了分析。得帆与客户江淮汽车的低代码故事就被收录在此报告中，报告原文如图 2-2 所示。

"得帆与江淮汽车的低代码故事"报告原文
JAC Motors Enhanced Its Data Middle Office Strategy

Over the past 20 years, JAC Motors has built more than 100 systems to support its operations. But theresulting data silos now prevent it from delivering applications quickly, hindering the company's growth. JAC Motors planned a "data middle office" strategy to improve data management and make application delivery more efficient and effective. The company adopted a low-code development platform together with integration and data management platforms from Definesys to design a unified data system and tech architecture. With these platforms, JAC Motors:

• **Accelerated delivery by breaking down silos.** The firm broke down data silos by connecting heterogeneous systems like ERP, product lifecycle management, and dealer management systems. It built more than 100 APIs on the Definesys DeFusion integration platform, making data more accessible to both citizen and professional developers. Combined with the Definesys DeCod low-code development platform, the new solution accelerates application delivery and reduces development costs. JAC Motors delivered a project previously expected to require 1,000 person-days within 200 person-days.

• **Accelerated troubleshooting with insights.** As part of the data middle office strategy, JAC Motors needed to build an enterprise data foundation that keeps data in sync with analytics and enable insights. The firm built low-code applications to capture and ingest data from experts. Feeding this data to its business intelligence platform gave JAC Motors a 360-degree view of order-to-delivery processes in its global business. The firm also built a web app to display the collected raw data; this enabled traceability, which improved troubleshooting efficiency.

• **Enabled citizen developers and improved collaboration.** More than 20 business users at JAC Motors can now deliver custom software for simple, routine workflow processes or formbased apps. For more complex projects, the low-code platform facilitates collaboration between business experts and developers, who can use a WYSIWYG development environment to discuss and confirm requirements based on visual prototypes. The low-code development platform gave JAC Motors' business users a modern, effective way to collaborate.

图 2-2　"得帆与江淮汽车的低代码故事"报告原文

　　"工赋风云榜"工赋上海 2022 年度评选入围和提名名单中，得帆在众多优秀工业互联网企业和个人评比中脱颖而出，荣获"2022 年度风云企业提名奖"，得帆创始人兼 CEO 张桐荣获"2022 年度十大先锋人物"。工赋上海 2022 年度评选入围和提名名单如图 2-3 所示。

　　"工赋风云榜"评选是上海推进工业互联网创新发展、促进经济数字化转型的重要部署。在推进数字化转型的过程中，得帆持续探索、攻克难题、创造实绩、发挥主体作用。同时，得帆在此过程中所凝练的转型经验将更恒久、更深入地赋能整体制造业转型升级，成为提振数字化生态的有生力量。

　　2022 年，国内权威研究机构低码时代发布《构建敏捷数字实践力 -2022 年中国低 / 零代码行业研究报告》，报告根据大量的厂商调研、实证案例、数理论据、行业市场调研等多维度信息，展开分析中国低代码的整体落地、细分行业等实践情况，为企业数字化发展提供更开阔的思路。得帆作为低代码行业的领导品牌，在报告列出的 7 大代表性行业中，持续领跑制造业、金融、建筑业、房地产、通信运营商五大行业。同时，得帆入选为制造业低代码领域领先实践力厂商，如图 2-4 所示。江淮汽车的案例也被选为制造业低代码领域优秀实践案例。

"工赋风云榜"
工赋上海2022年度先锋人物
入围名单公示
（排名不分先后）

方向	姓名	企业	职位
攻坚克难	明兵	上海宝信软件股份有限公司	工业互联网研究院副院长、大数据中心副主任
攻坚克难	张炜	上海核工程研究设计院有限公司	数字化工程所所长
攻坚克难	陈亦彦	上海道客网络科技有限公司	创始人、CEO
攻坚克难	魏毅	上海卫星工程研究所	型号数字化副总师、信息中心主任
攻坚克难	朱平利	上海汽车（集团）股份有限公司	安全集团技术总监、网络重器项目经理
运筹决胜	**张桐**	**上海得帆信息技术有限公司**	**创始人、CEO**
运筹决胜	曹进	上海汽车（集团）股份有限公司	科技发展部部长兼智能制造首席工程师
实干笃行	索强	上海望繁信科技有限公司	CEO
实干笃行	黄昭鹰	上海宾通智能科技有限公司	CEO
实干笃行	张昭智	上海�道智能科技有限公司	创始人、CEO

"工赋风云榜"
工赋上海2022年度先锋人物
提名名单公示
（排名不分先后）

方向	姓名	企业	职位
实干笃行	马俊杰	上海李数科技有限公司	创始人、CEO
运筹决胜	范苦峰	上海昊沧系统控制技术有限责任公司	董事长
运筹决胜	黄罡	上海钢联电子商务股份有限公司	联席董事长兼总裁
攻坚克难	周亮	国网上海电力设计有限公司	信息室主任兼数字化管理室主任

"工赋风云榜"
工赋上海2022年度风云企业
入围名单公示
（排名不分先后）

方向	企业
行业引领	上海复星医药（集团）股份有限公司
行业引领	上海核工程研究设计院有限公司
行业引领	光明乳业股份有限公司
行业引领	伽蓝（集团）股份有限公司
行业引领	上海清美绿色食品（集团）有限公司
自主创新	上海湃睿信息科技有限公司
自主创新	上海道客网络科技有限公司
自主创新	上海能誉科技股份有限公司
自主创新	国网上海电力设计有限公司
公共服务	工业互联网创新中心（上海）有限公司

"工赋风云榜"
工赋上海2022年度风云企业
提名名单公示
（排名不分先后）

方向	企业
自主创新	**上海得帆信息技术有限公司**
自主创新	上海昊沧系统控制技术有限责任公司
自主创新	上海安几科技有限公司
行业引领	上海汽车集团股份有限公司乘用车分公司
行业引领	上海电气核电设备有限公司

图 2-3　工赋上海 2022 年度评选入围和提名名单

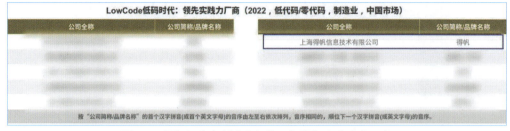

LowCode低码时代：领先实践力厂商（2022，低代码/零代码，制造业，中国市场）			
公司全称	公司简称/品牌名称	公司全称	公司简称/品牌名称
		上海得帆信息技术有限公司	得帆
按"公司简称/品牌名称"的首个汉字拼音（或首个英文字母）的音序由左至右依次排列，音序相同的，顺位下一个汉字拼音（或英文字母）的音序。			

图 2-4　得帆入选为制造业低代码领域领先实践力厂商

2021 年，得帆凭借领先的低代码数字化技术能力，以及制造业大中型企业客户的充分认可，融合技术与服务的双重优势，荣获"中国制造业数字化灯塔奖"，如图 2-5 所示。

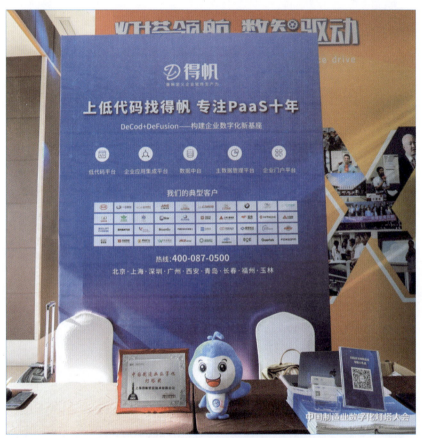

图 2-5　得帆荣获"中国制造业数字化灯塔奖"

目前，得帆已服务超过 500 家国内外大型头部企业客户，除了金融、制造业、通信运营商、房地产、建筑业领域，也在医药制造、家具行业、工业互联网、新消费等众多领域全面开花。在中国《财富》500 强企业中有 154 家与得帆合作；中国制造业 500 强企业中有 167 家与得帆合作。在中国 500 强企业中，稳居低代码领域首位。在制造业领域，江淮汽车、上汽通用集团、一汽解放、吉利汽车、长城汽车、玉柴集团等大型头部企业均与得帆进行合作，尤其在汽车制造行业有极高的占有率，Top10 的整车企业中有 8 家与得帆合作。

得帆深耕制造业数字化转型，中国制造业 500 强企业中极高的行业占有率就是对得帆强大的产品能力和"以客户为中心的"服务理念的认可。

得帆云 DeCod 低代码平台并不是为解决特定行业或场景的问题而设计的，而是一款独特的用于敏捷开发和交付的即服务应用程序平台。不同制造企业的数字化转型进程不同，应用场景不同，资产规模不同，造成了数字化应用形态的多样性。得帆云 DeCod 低代码平台为不同的行业从创意、开发、部署到交付的整个应用生命周期提供场景式解决方案。在接下来的内容中，我们将以制造企业的复杂场景为切入点，分享得帆的经验。

第三章

低代码平台破解制造企业的数字化困局

第一节 食品制造

一、采购部门：厨房主食食品企业 Oracle ERP OM 复杂拆单

（一）场景背景

Oracle 是全球主要且领先的 ERP 软件供应商。Oracle 的应用产品为 EBS（E-Business Suite，电子商务套件）。

某厨房主食食品企业目前新派生的业务主要来自原有企业的扩容（新设立分公司/子公司/工厂）。新的业务形态对企业现有的 Oracle EBS 产生冲击，导致部分信息化建设无法满足业务发展需求，企业原市场策略也不得不进行调整。

在此情况下，现有 OM 模块业务已不再完全支持新的业务形态，通常企业选择进行 OM 模块定制化改造，将相关定制化业务前置，并将作为业务基础服务的 EBS 下沉。

（二）业务难点

- 需求订单拆单规则复杂，逻辑烦琐。
- EBS 接口复杂，API 对接工作量大。

（三）功能介绍

我们基于 Oracle EBS OM 模块的实施需求进行改造，共涉及三大模块、五大场景、八大逻辑，通过低代码平台构建 28 个功能页面、14 个 API 服务、16 个业务事件、61 个数据模型，实施周期从传统开发的 1000 余人 / 天锐减至 400 余人 / 天，整体开发周期缩短为原来的 1/3，快速响应市场业务调整。

订单改造涉及的模块如图 3-1 所示。

- 基础菜单：包括客户管理、RDC 管理、物料管理、库存管理等。
- 需求订单：包括手工下单、订单拆单、订单下单等。
- 服务集成：包括数据同步、订单服务等相关 API。

图 3-1　订单改造涉及的模块

采购订单主流程如图 3-2 所示。

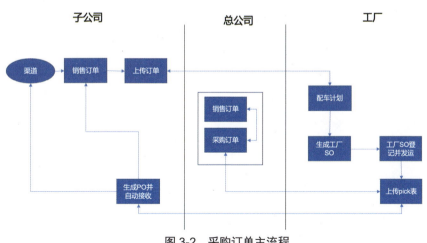

图 3-2　采购订单主流程

由渠道发起采购下单，在不同分公司进行采购订单下单流程审批、优惠、折扣等操作，分公司业务人员将相关订单上传至总公司，根据 RDC（Regional Distribution Center，区域分发中心）、品牌等规则进行需求订单拆分，可以将订单拆分为多笔子订单，不同子订单根据库存信息、客户类别可以生成在售订单，在售订单库存需要优先配送，根据销售子订单形成配车计划。当工厂库存数达到 RDC 预警数时，工厂进行生产排程。如果当前客户为重要客户，则需要按客户级别生产。工厂装配结束后形成工厂发运单，回传计划到货时间与计划到货数量，等待客户签收。

（四）关键功能

1. 需求订单拆单

根据需求订单明细中的 RDC、品牌等规则进行需求订单拆分，将订单拆分为需求子订单，如图 3-3 所示。需求订单拆单功能满足以下要求。

- 支持通过配置化方式将需求订单从 RDC 通过 API 添加到平台。
- 支持通过配置化方式实现需求订单根据库存量拆单逻辑编排。
- 支持需求订单多次拆单逻辑。
- 支持头行结构展示在手订单和拆分子订单，与原始需求订单关联。
- 支持通过自定义按钮配置拆单逻辑触发，并提供操作列。

图 3-3　需求订单拆分

配置方式如下。

表单配置：如图 3-4 所示，基于企业开发规范设计数据模型，通过平台添加模型页面，根据不同字段绑定相关组件，同时配置字段的必填、只读、隐藏等规则，满足订单在不同状态下的字段的要求。

图 3-4　表单配置

列表设置：如图 3-5 所示，配置统一的列表展示页面，既满足对查询条件和查询结果的标准化定义，又满足根据不同角色的最终用户对页面进行个性化调整的需求。

图 3-5　列表设置

权限配置：如图 3-6 所示，基于 RBAC（Role-Based Access Control）模式设计权限管控，满足不同字段级访问权限配置和数据权限配置的需求，针对不同场景支持权限穿透和权限合并。

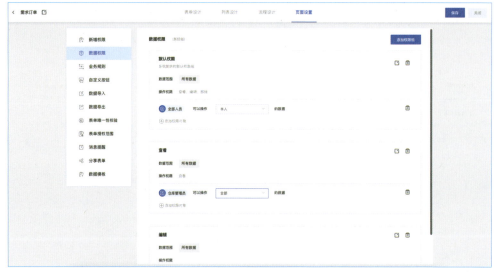

图 3-6　权限配置

拆单逻辑：如图 3-7 所示，基于埋点机制，定义"拆单"按钮，触发预置好的业务流程，根据当前订单明细行中涉及的 RDC、品牌等信息，通过查询结果进行订单拆单，将拆分好的子订单与当前订单进行关联，支持联动订单状态、数量、发运等业务的查询、展示、调整等操作，并支持订单多次拆单和拆单按钮幂等的业务逻辑。

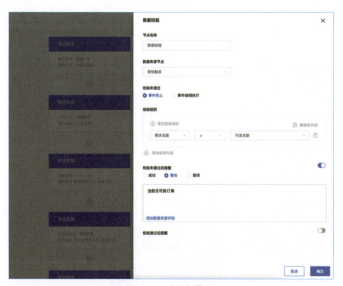

图 3-7　拆单逻辑

2. 需求子订单下发

根据需求子订单库存信息、客户类别可以生成在手订单，下发到 Oracle EBS 中进行下单，如图 3-8 所示。需求子订单下发功能满足以下要求。

- 支持通过配置化方式实现与 ERP 下单接口的对接，将拆分子订单下发到 Oracle EBS 中。
- 支持通过配置化方式实现需求子订单头行结构数据传输。
- 支持通过配置化方式实现需求子订单下单幂等的设置。
- 支持需求子订单下单后会写原需求订单的状态与发货数量。

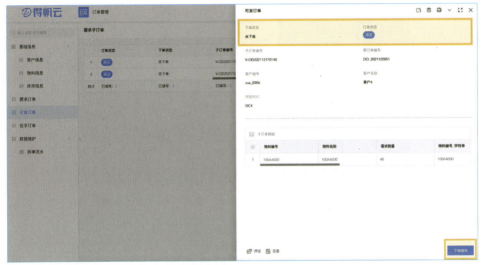

图 3-8　需求子订单下发 EBS

配置方式如下。

服务配置：如图 3-9 所示，平台接管 Oracle EBS OM 模块中的涉及的标准 API，通过可视化方式屏蔽 EBS API 对接技术难点，降低 API 对接难度。

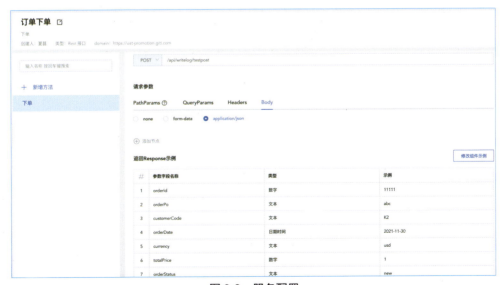

图 3-9　服务配置

服务调用：如图 3-10 所示，在业务事件中通过外部节点调用接管的标准 API，通过事件编排实现订单下单功能，当前节点在执行后生成执行日志，以方便业务问题定位与业务留痕追溯。

图 3-10　服务调用

外部节点：如图 3-11 所示，外部节点选用服务集成或自定义服务，配置服务入参/出参，入参的数据来源于当前需求子订单，出参在下一个节点被引用。

图 3-11　外部节点

076

（五）项目总结

Oracle EBS 作为主流的 ERP 软件，基于 ERP 的解耦已经迫在眉睫。

现在，针对 Oracle EBS OM 模块，利用低代码方式解耦已逐步被众多企业接纳。

得帆云 DeCod 低代码平台提供高度可配置的规则编排和服务接入功能，通过拖曳的方式快速构建订单页面，并通过业务事件结合的公式规则和配置的复杂逻辑，实现复杂业务场景的构建，解决了在个性化业务场景下标准商业套件定制化开发难、交付慢、实施周期长等问题。

与传统开发方式相比，使用得帆云 DeCod 低代码平台的标准化功能解耦 Oracle EBS OM 模块，不仅提升了交付质量，Bug 产生概率降低了约 80%，还大幅度减少实施成本，实施周期从以"年"为单位变成以"日"为单位，缩短交付周期，提高企业运营效率，满足更多敏态业务变化。

二、物管部门：粮食品牌企业订单运营预排

（一）场景背景

某知名的粮食品牌企业采用柔性制造的生产模式，旗下产品具有生产周期短、库存周转率高的特点。企业的销售渠道覆盖传统线下渠道，并且积极拥抱线上渠道，B2B、B2C、B2B2C 均有涉及。

随着业务的发展及公司的成长，如何准确地将销售订单、备货订单转化成内部可执行订单，成为减少沟通成本、提高内部运转效率的关键突破点。

（二）业务难点

- 上游订单业务场景复杂，汇集多种渠道订单，包括销售订单、备货订单、调拨单、漂货单等。
- 各渠道运输要求多样化，包括快递发货、物流运输、客户自提等。
- 生产需求旺盛，品类多、需求量大，还有定制化需求。

（三）功能介绍

基于上述业务场景及需求，运营预排模块主要衔接上游采购订单、下游运输管理、生产管理三大模块，如图 3-12 所示。

该企业基于得帆云 DeCod 低代码平台构建了 14 个功能页面、7 个 API 服务、48 个业务事件、30 个数据模型，实施周期从传统开发的 100 余人 / 天锐减至 30 余人 / 天，整体开发周期缩短至原来的 1/3，快速响应实际业务需求，达到提高内部运转效率的目的。

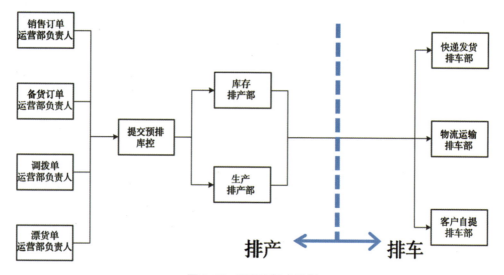

图 3-12　运营预排主流程

（四）关键功能

1. 运营预排页面

得帆云 DeCod 低代码平台支持配置复杂页面，多区域分区显示，汇集多源关键信息，可以提高业务人员工作效率，"运营预排"页面如图 3-13 所示。

图 3-13　"运营预排"页面

2. 预排提交规则

预排提交规则由"预排商品数量限制"、"预排箱数限制"和"预排订单数量限制"组成。

- 预排商品数量限制：如图 3-14 所示，填写规则限制单个预排中的 SKU 个数，以降低发运物料清点难度。

图 3-14　预排商品数量限制

- 预排箱数限制：如图 3-15 所示，填写规则限制特定周期内，提交到某个发车仓库的单票单品的最低箱数，以满足最小起订量管理要求。
- 预排订单数量限制：如图 3-16 所示，填写规则限制单个预排内的订单个数，减少发运跟踪难度。

图 3-15　预排箱数限制

图 3-16　预排订单数量限制

3. 新米规则

新米规则平衡新米产量与需求，实时监控消耗与余量，配置方式如图 3-17 所示。配置要点如下。

- 新米周期：即全公司统一周期。
- 线上渠道：线上渠道在预排配置新米后，以"渠道＋仓库＋商品"的维度形成新米商品，在新米周期内，所有创建的预排默认都是新米。
- 线下渠道：在预排配置新米后，默认此预排内的商品都是新米，不对后续预排产生影响。

图 3-17 新米规则的配置方式

4. 干燥剂规则

添加"干燥剂管理"模块，以保障产品质量，如图 3-18 所示。具体设置规则如下。

- 排车部人员在"干燥剂管理"表单中设置对应城市的仓库是否放置干燥剂。
- 规则于过期日期自动失效。
- 选中城市可以删除干燥剂规则，删除后该规则失效。
- 选中干燥剂规则行并单击，可以对已设置的相应城市的干燥剂规则进行编辑。

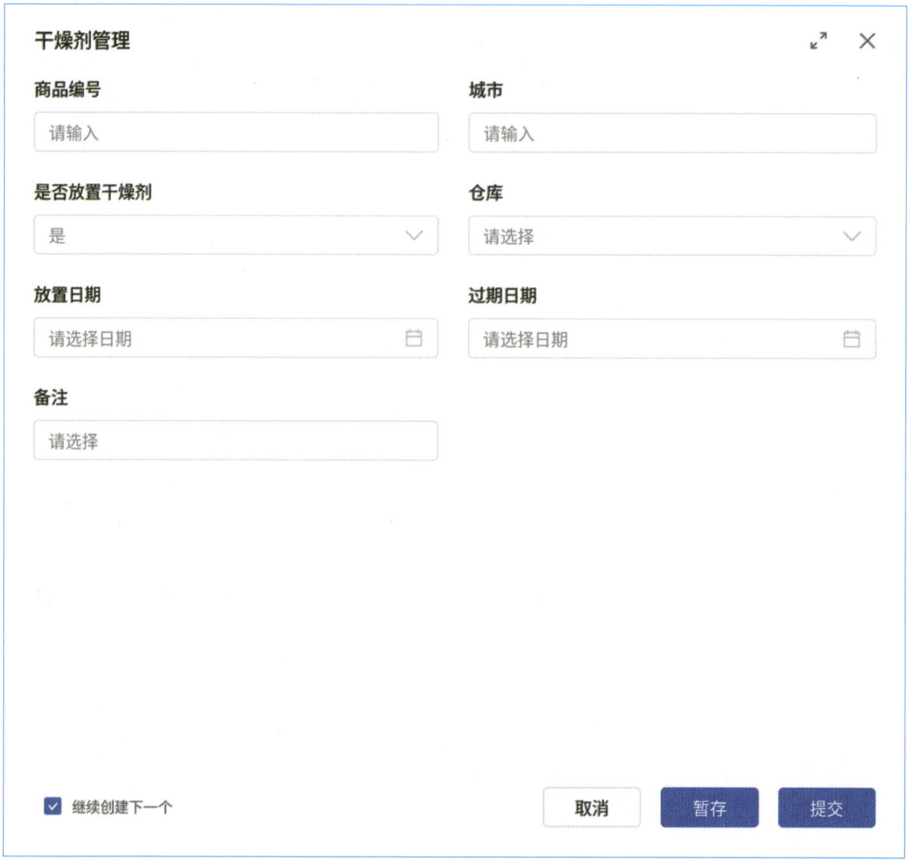

图 3-18 "干燥剂管理"模块

5. 产能规则

产能规则包括产能试算和产能分配。

1）辅料产能试算

辅料产能试算的设置方式如下。

查询商品，如图 3-19 所示，首先选择"辅料产能试算"选项，设置查询条件，单击"查询"按钮。查询条件包括商品编号、商品类型等。

- "发车仓库"是指运营提交的，预排的发车仓库。
- "试算类型"分为"总体试算"和"未排试算"。
- "商品编号""商品类型"都属于物料商品信息。

在查询结果中，上方的表是单个商品在某个查询条件下的排车总量，下方显示这个商品所在的所有预排。

图 3-19　查询商品

随后我们选择发车仓库和试算类型，单击"辅料试算"按钮开始试算，试算完成后会显示试算结果，如图 3-20 所示。

图 3-20　开始试算

2）形态产能试算

形态产能试算的试算方式与辅料产能试算的类似，同样是先设置查询条件，再进行试算，如图 3-21 所示。

图 3-21　形态产能试算

3）产能分配

试算完成后，即可进行产能分配，如图 3-22 所示。

图 3-22　产能分配

6. 预排自动通过规则

如图 3-23 所示，预排发车仓库与填写的"仓库名称"一致，提交预排时间在"时间"前的，都会根据自动通过规则自动审核通过，减少人工审核成本。

预排自动通过规则

仓库编号
> 提交后生成

仓库名称
> 请输入

时间
> 请选择日期

预排发车仓库=【仓库名称】，提交预排时间在【时间】前，即自动审核通过。

☑ 继续创建下一个　　　　取消　暂存　提交

图 3-23　预排自动通过规则

7. 预排合票规则和预排拆票规则

预排合票规则和预排拆票规则根据需求合理合票，精确分票，可以大大提高供应链工作效率。如图 3-24 所示，预排合票规则的设置方式如下。

- 选中需要合票的预排，单击"合票"按钮。
- 合票的预排发车地和目的地必须完全相同。
- 发车类型不同的预排可以合票，合后的新票默认为第一票的发车类型，如果不满意可以修改。

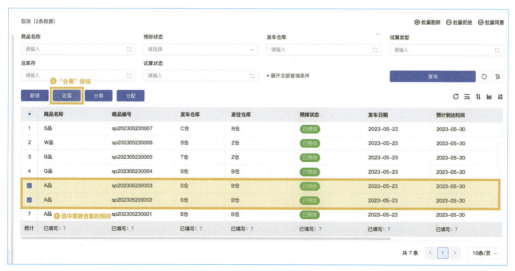

图 3-24　设置预排合票规则

预排拆票规则的设置方式与预排合票规则的类似，选中需要拆票的预排，单击"分票"按钮，即可弹出预排拆票表单，如图 3-25 所示。

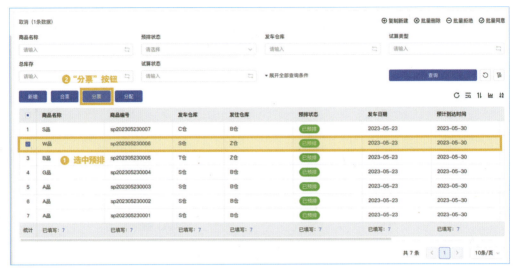

图 3-25　设置预排拆票规则

选中要拆分出来的明细，输入拆分数量后单击"拆分"按钮开始拆分。拆分出来的预排默认和原预排信息一致，如果需要修改，则可以手动修改预排信息，如图 3-26 所示。

图 3-26　拆分明细

8. 分配明细规则

分配明细规则精准分配明细，也可以实现分配明细重置，查询分配结果，满足指定库存出库的需求。具体设置方式如下。

从库房 RDC 出库的预排必须在分配明细后才能提交，先选中已经分配好的预排，然后单击"分配"按钮，如图 3-27 所示。

图 3-27　为预排分配明细

弹出"分票明细"表单，如图 3-28 所示，选择想要分配的商品明细，单击"分配"按钮，开始分配。在下方"仓库"列表的库存明细行中输入分配数量。如果备货渠道和预排渠道不同，则在提交后会自动触发库存借货流程。分配完成后单击"保存"按钮，全部分配完成后关闭"分票明细"表单并提交预排。

图 3-28　"分票明细"表单

（五）项目总结

在产能不足的大背景下，该企业基于"全渠道＋阿米巴"的经营模式，运营预排有效衔接了订单和生产运输。

基于得帆云 DeCod 低代码平台，实现了将各平台采购订单、客户订单、备货订单转化为内部可执行订单，从而完善产、供、销系统，维持供给与需求平衡，极大地提高了全渠道运营效率和渠道间业务协同效率，助力企业实现线上/线下、B2B/B2C 全业务场景的在线化和数据化，为"数据智能"打下坚实基础。

三、生产部门：粮食品牌企业车间生产管理

（一）场景背景

某知名的粮食品牌企业采用柔性制造的生产模式，旗下产品具有生产周期短、库存周转率高的特点。企业的销售渠道覆盖传统线下渠道，并且积极拥抱线上渠道，B2B、B2C、B2B2C 均有涉及。

随着业务的发展及公司的成长，企业迫切需要一套面向车间执行层的生产信息化管理系统，将销售订单、备货订单转化为生产需求，并快速交付订单。

（二）业务难点

- 产销协同不畅，需求和供应信息共享程度低。
- 生产过程线下管理滞后，生产信息不透明，更新不及时。
- 生产管理流程不完善，生产任务下达、领料、完工等流程待完善。

（三）解决方案

基于得帆云 DeCod 低代码平台搭建生产信息化管理系统，打通计划制订、过程监控、完工入库等全流程，规范生产流程的各个环节，降低物料消耗，实现对生产全过程的监控和管理。

1. 运输发运计划指导生产计划

- 订单需求经人工筛选后，形成运输发运计划。
- 各工厂根据运输发运计划制订生产计划。

2. 生产过程全面在线管控

- 生产计划通过生产工单的创建和分配，实现生产任务的分派和跟踪。
- 根据生产工单创建生产领料申请，实现按生产工单领料。
- 生产完工入库和投料出库在系统记录。

3. 通过系统流程实现生产自动化

- 建立成品配方（BOM），根据生产工单自动创建生产领料申请。
- 生产完工入库可以根据系统打印贴条实现自动入库。
- 投料出库根据完工入库数据自动计算和出库。

4. 生产完工指导运输

- 所有生产线生产完工实时入库，增加库存。
- 运输可以通过装车检查库存判断是否满足装车条件。

生产信息化管理系统的开发周期缩短至传统开发周期的 1/3，可以快速响应实际业务需求，提高企业内部运营效率。

（四）关键功能

1. 生产主流程介绍

生产主流程由订单需求、生产需求、生产工单创建、生产领料、完工入库、生产投料这6个流程组成，如图3-29所示。

图 3-29　生产主流程

2. 关键功能

- 生成生产波次：按照生产车间、订单波次编号、生产日期、商品编码、BOM 版本生成生产波次，如图 3-30 所示。
- 创建生产计划：工厂按照生产波次制订车间每日的生产总计划，如图 3-31 所示。

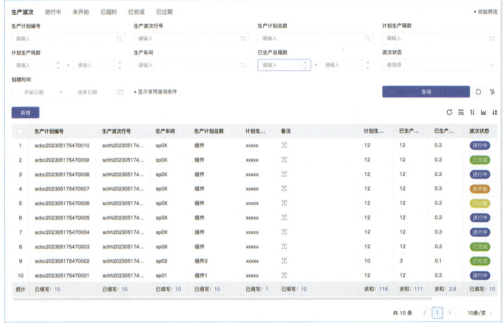

图 3-30　生成生产波次

图 3-31　创建生产计划

- 建议发料：生产计划生成后，根据成品 BOM 计算出所需物料的使用数量，如图 3-32 所示。

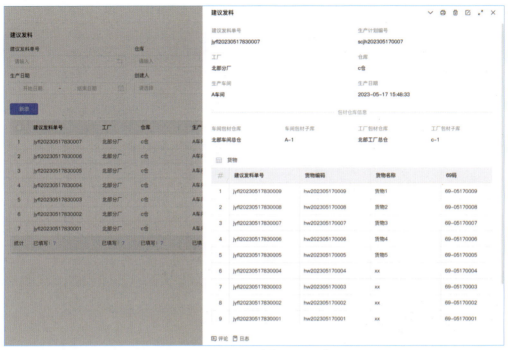

图 3-32　建议发料

- 生产发料：生产发料的创建依赖于建议发料，但考虑到损耗及生产线最小经济批量，实际发料的数量不受限于建议发料的数量，如图 3-33 所示。

图 3-33　生产发料

● 创建生产工单：由各工厂的生产计划员根据生产需求创建生产工单，如图 3-34 所示。

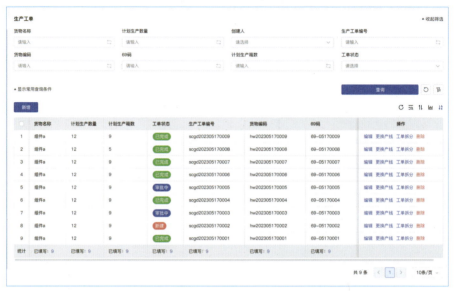

图 3-34　创建生产工单

● 生产领料：创建生产工单后，根据成品 BOM 计算出理论上物料的领料数量，生产车间可以根据生产工单领料，生成领料申请单，如图 3-35 所示。

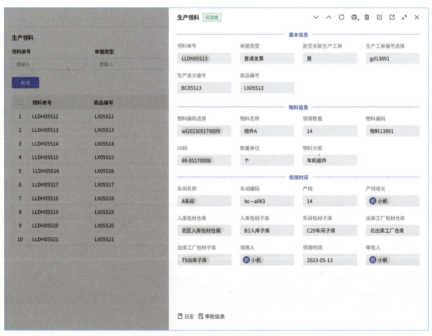

图 3-35　生产领料

● 生产退料：当天生产车间有剩余可用袋皮时，需要进行退料申请，归还袋皮，以使工厂包材仓库的库存准确，如图 3-36 所示。

图 3-36　生产退料

● 完工入库：每生产一托盘的货物，需要扫码完成一次成品完工入库，如图 3-37 所示。

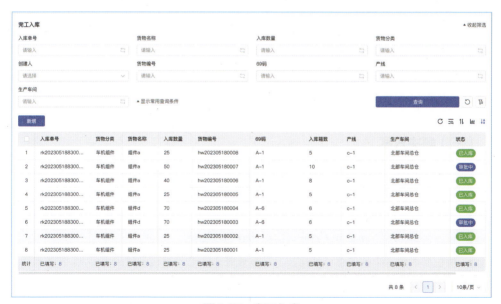

图 3-37　完工入库

（五）项目总结

在产能不足的大背景下，基于该企业"全渠道＋阿米巴"的经营模式，一套生产管理系统可以帮助各环节业务人员监控生产全过程，实现订单快速交付，满足客户需求。

基于得帆云 DeCod 低代码平台，实现了以生产指令为载体的生产全过程管理，帮助企业完善产、供、销系统，维持供给与需求平衡，极大地提高了全渠道运营效率和渠道间业务协同效率，助力企业实现线上／线下、B2B/B2C 全业务场景的在线化和数据化，为"数据智能"打下坚实基础。

四、采购部门：原料生产集团供应商统筹管理

（一）场景背景

某集团在全球饲料添加剂领域处于领先地位，旗下存在多家子公司，由于各子公司独立管理供应商信息，所以对集团来说，存在同一家供应商信息重复且不一致的现象。

随着业务的发展及公司的成长，集团迫切需要一套面向集团的供应商管理系统，统一管理多家子公司的供应商数据。

（二）业务难点

- 供应商管理存在信息孤岛：该集团旗下存在多家子公司，各子公司独立管理与供应商相关的业务系统，供应商信息无法打通复用。
- 缺乏统一的供应商管理流程和规范：每家公司都有各自的供应商新建与变更的流程，新建供应商标准不一，供应商质量无法保证，不便于集团统一管理。
- 供应商数据质量不高且存在重复供应商，缺乏唯一性：各子公司的供应商存在于各自的业务系统中，缺乏统一管理的数据平台，数据质量不高，且存在重复数据。
- 供应商系统未与其他系统打通：其他平台需要使用供应商数据，目前使用供应商数据的方式都是人工手动录入，维护成本高且数据不准确。

（三）解决方案

基于得帆云 DeCod 低代码平台，搭建供应商管理系统，将多家子公司的供应商信息进行统一管理，规范供应商新建与变更流程，实现供应商信息规范化。

1. 建立统一的供应商数据录入系统，打破数据孤岛

- 集团所有子公司都使用该系统进行供应商信息管理。
- 供应商主数据中的信息可复用，不必重复录入，录入过程省时省力。

2. 规范新供应商创建流程和要求，建立统一管理的流程平台

● 各子公司统一审批，供应商数据的规范性得以保证。

3. 规范数据标准和唯一性校验规则，建立统一管理的数据平台

● 统一设置数据标准，规范所有子公司录入的数据。

● 设置唯一性校验规则，防止出现重复的供应商数据。

● 供应商管理系统作为供应商数据的唯一源头，将供应商数据发放到各个下游系统。

4. 与下游系统进行数据的集成和打通，无须手工搬家

● 在供应商新增与变更审批通过后，下游系统中的供应商数据可以同步新增或更新。

供应商管理系统的开发周期可以缩短至传统开发周期的 1/3，快速响应实际供应商管理需求。

（四）关键功能

1. 供应商管理流程介绍

供应商管理主流程如图 3-38 所示。

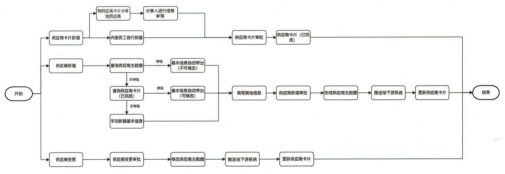

图 3-38 供应商管理主流程

2. 关键功能

1）供应商卡片

将如图 3-39 所示的供应商卡片分享给供应商，供应商填写后，分享人进行信息审核。也可以直接由内部员工直接填写，填写完成后，形成潜在供应商。

2）供应商新建

供应商新增申请表如图 3-40 所示。子公司可以新建供应商，如果该供应商已存在，则自动调出基本信息，不必重复填写基本信息。

图 3-39　供应商卡片

图 3-40　供应商新增申请表

详细功能如下。

在填写"证件号"时，系统自动判断该供应商是否存在于供应商主数据中。如果存在于供应商主数据中，则自动调出基础信息，无须填写且不可修改；如果不存在于供应商主数据中，则判断是否存在于供应商卡片中，如果存在，则自动调出基本信息，无须填写但可修改；如果该供应商在供应商主数据和供应商卡片中均不存在，则手动输入该供应商的基本信息。

具体配置如下。

首先查询该供应商数据在供应商主数据中是否存在，如图 3-41 所示。

图 3-41　查询供应商数据在供应商主数据中是否存在

如图 3-42 所示，如果该供应商数据存在于供应商主数据中，则进行字段赋值，将供应商其他基本信息调出，且不允许修改；如果不存在，则查询供应商卡片。

图 3-42　查询分支

如图 3-43 所示，如果该供应商数据存在于供应商卡片中，则进行字段赋值，将供应商其他基本信息调出，且允许修改；如果不存在，则手动输入。

图 3-43　查询分支的处理方式

3）供应商主数据

在"供应商主数据"表单中，可以展示并查询供应商的数据，如图 3-44 所示。同时，供应商主数据作为供应商数据的唯一源头，将供应商数据发放到各个下游系统。

图 3-44　"供应商主数据"表单

4）供应商变更

如图 3-45 所示，在供应商变更申请表中可以变更供应商主数据中的数据，数据变更后由变更后所属子公司的对应人员进行审批，通过后供应商主数据和供应商卡片中的数据可以同步变更。

图 3-45　供应商变更申请表

（五）项目总结

该集团基于得帆云 DeCod 低代码平台搭建的供应商管理系统，可以实现供应商"由潜在到正式"的全过程管理，统一集团内各子公司的供应商数据。同时，供应商管理系统与下游系统集成并打通，大量减少人工录入的工作量，提高工作效率，对于集团建立科学合理的供应商管理体系，以及集团效益的提升，有着重大的意义。

五、财务部门：食品生产企业规范内审

（一）场景背景

对许多食品生产行业的企业来说，生产物料和生产成品的质量尤为重要。因此，食品生产企业经常面临来自内外部的审计检查，审查物料和成品质量。在审计过程中，有两点十分

关键，分别为制定质量审计标准、规范审计任务的制定和下发过程。

　　某食品生产行业的领先企业经常进行内部审计。但在审计过程中产生了很多问题，企业需要提高审计效率，明确审计流程，节省审计成本。

（二）业务难点

- 审计过程线上化程度低，无法实现全流程可视化，工作效率低。
- 业务需求更新快，当前审计管理方式运营成本高。
- 审计质量控制标准不够明确，审计组织和人员管理制度、审计质量检查制度、审计质量考核制度、审计责任追究制度等缺乏规范性。

（三）解决方案

　　企业基于得帆云 DeCod 低代码平台构建的审计管理系统，如图 3-46 所示。系统包含审计情况概览、审核标准管理、被审核方管理、审计计划管理、审计任务管理、现场审核明细、审计整改问题几个主要模块，搭配得帆云 DeCod 低代码平台的流程设计功能，实现了审核标准的制定、被审核方的管理、审计计划的制订、审计任务的下发、发现问题、整改问题的审计全流程管理。同时系统配置了审计情况看板，可以直观地看到当前审计情况和执行进度。

图 3-46　审计管理系统

（四）关键功能

1. 审计情况概览

基于"指标图""柱状图""日历图"等组件配置"审计情况概览"页面，通过看板可直观地看到当前被审核方、审计计划、审计任务等的数量，如图 3-47 所示。审计负责人的审计任务以日历图的形式展示，可以以日、周、月为单位预览当前审计工作。

图 3-47 "审计情况概览"页面

2. 审核标准管理

审核标准管理模块用于制定每个审核项的审核标准，包含"审核标准名称""事业部""现场审核业务类别""评审所有部门""启用状态""生效日期""废止日期"等信息，统一审核标准，"审核标准管理"表单如图 3-48 所示。在"审核标准管理"表单中可以查看当前标准下包含的审核模块。

图 3-48 "审核标准管理"表单

1）审核模块管理

审核模块管理功能用于维护审核标准下的审核模块的信息，也可以查看当前模块下的模块分类情况，"审核模块管理"表单如图 3-49 所示。

图 3-49　"审核模块管理"表单

2）模块分类管理

模块分类管理功能用于维护审核标准下的审核模块包含的分类信息。在"模块分类管理"表单中可以查看当前分类下的所有审核条款，如图 3-50 所示。

图 3-50　"模块分类管理"表单

3）审核条款管理

审核条款管理功能用于维护"审核条款名称""条款标准分""问题定性""条款描述"等信息，用于后续审计扣分参考，"审核条款管理"表单如图 3-51 所示。

图 3-51 "审核条款管理"表单

4）审计参考标准

审计参考标准功能用于管理制定审计标准所参考的资料，在"审计参考标准"表单中可以填写"参考标准名称"和"标准类型"，附上参考标准链接地址，其他材料可以通过附件的形式上传，如图 3-52 所示。

图 3-52 "审计参考标准"表单

3. 被审核方管理

相关业务人员可以在"被审核方管理"表单中维护被审核方的基本信息，包括"被审核方名称""合作状态""风险等级"等信息，如图 3-53 所示。

图 3-53　"被审核方管理"表单

4. 审计计划管理

"审计计划管理"表单如图 3-54 所示，针对部门规划制订审计计划，选定"计划负责人"和"计划类型"。审计计划可以自动关联当前任务下的具体审计任务。

图 3-54　"审计计划管理"表单

5. 审计任务管理

管理者针对审计计划，下发具体的审计任务。如图 3-55 所示，在"审计任务管理"表单中，可以选择被审核方名称，以及观察当前任务的"审核类型"和"审核状态"。"审核状态"会根据问题整改的情况自动改变，例如当前审计任务包含的整改项全部完成时，"审核状态"会自动更改为"已完成"。

图 3-55　"审计任务管理"表单

6. 现场审核明细

审核任务会生成现场审核明细，"现场审核明细"表单如图 3-56 所示，审核人收到下发到自己手中的现场审核明细后进行现场审核，并将发现的问题记录到"整改问题明细"列表中。

图 3-56　"现场审核明细"表单

提交"现场审核明细"表单后，系统会根据"整改问题明细"列表中的内容自动生成对应的整改问题明细表单。该场景可以通过配置业务事件实现，如图 3-57 所示。

图 3-57　系统自动生成整改问题明细表单业务事件

7. 审计整改问题

如图 3-58 所示，"审计整改问题"表单中的"整改问题编码""被审核方名称""审计发现""审核条款""完成时间"等信息都是根据现场审核明细中提交的内容自动生成的。

图 3-58　"审计整改问题"表单

整改问题后，对整改结果进行验收，验收通过后才表示完成整改。由于审批人员组成复杂，因此审批规则和权限配置十分重要。

在验收流程的配置中，不同审批节点对应的审批人只能编辑自己权限下的字段。例如在"整改验收"节点处，审批人可以对"整改结果"字段进行编辑，而其余节点的审批人无权查看该字段的内容，该场景通过业务规则的配置即可实现，如图 3-59 所示。

图 3-59 "整改验收"节点的业务规则

此外，在"整改验收"节点处加入"整改驳回"按钮。如果整改结果不合格，则可以一键驳回，重新整改，如图 3-60 所示。

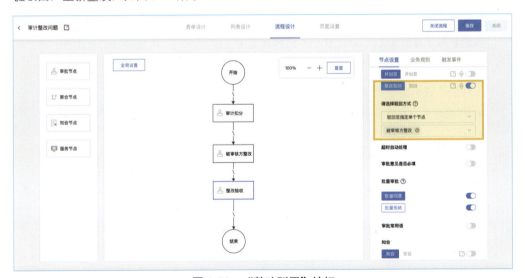

图 3-60 "整改驳回"按钮

（五）项目总结

以上就是基于得帆云 DeCod 低代码平台构建的审计管理系统，基于该系统，该企业实现了审计工作的线上管理，可以及时发现生产问题，并及时整改。

在系统的使用过程中，该企业可以确保审计工作的质量，提高审计工作的效率，运用审核标准管理模块对审计工作各要素进行规范化定义，并通过系统对生产全过程进行管理和监督，该系统可以帮助企业改善经营管理、有效减少损失、提高经济效益。

六、生产部门：原料生产企业电子交接班

（一）场景背景

某企业的经营范围主要为食品原料的生产及销售，其工厂为 24 小时轮班制，每日需要进行交接班。现阶段交接班的工作采取面对面确认的形式。

随着业务的发展及公司的成长，该企业迫切需要将线下的交接班工作迁移至线上，线上完成交接班记录的填写与确认等工作。

（二）业务难点

- 交接班记录为纸质填写，且填写不规范，导致存在大量的纸质文件，内容杂乱且容易丢失的问题。
- 以往交接班记录表单十分复杂，且无统一入口查看，查询困难，导致用户体验较差。
- 纸质单据异常情况无特殊标识，查询较困难。
- 无线上审批流程，无法确认每个环节的人员是否都完成了交接班。

（三）解决方案

该企业基于得帆云 DeCod 低代码平台搭建电子交接班系统，将交接班记录迁移至线上填写，实现交接班过程的线上化与规范化。

1. 搭建电子交接班系统，线上填写交接班记录

- 搭建电子交接班系统。
- 对于不同类型的数据，使用不同的组件，保证数据的规范性。

2. 统一数据模型，单独展示子表信息

- 不同表单的子表使用相同的数据模型。
- 将模型数据单独展示。

3. 特殊标识异常数据

- 增加"是否异常"标志，单独展示异常数据。
- 每日定时统计记录中显示未完成的交接班记录，并将其作为交接班异常数据，单独展示。

4. 建立审批流程，启用手写签名

- 建立审批流程，用于交接班记录的确认。
- 启用手写签名，每个人要在交接班记录确认时进行手写签名的确认。

电子交接班系统的开发周期可以缩减至传统开发周期的 1/3，快速响应实际业务需求，

提高企业内部运营效率。

（四）关键功能

1. 电子交接班流程介绍

电子交接班流程如图 3-61 所示。

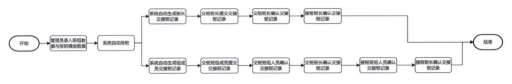

图 3-61　电子交接班流程

2. 功能介绍

1）自动排班

系统根据班组数据和排班模板数据自动生成排班数据，如图 3-62 和图 3-63 所示，并且支持改变排班规则。

	排序		班次	班组名称
1	1		白班	演示班组A
2	1		晚班	演示班组B
3	2		白班	演示班组A
4	2		晚班	演示班组B
统计	求和：6	已填写：4	已填写：4	已填写：4

图 3-62　排班模板数据

		班次	日期时间	班组名称	班长	班组人员
1		白班	2023-04-19	演示班组A		
2		晚班	2023-04-19	演示班组B		
3		白班	2023-04-19	演示班组A		
4		白班	2023-04-19	演示班组A		
5		白班	2023-04-20	演示班组A		
6		晚班	2023-04-20	演示班组B		
7		白班	2023-04-20	演示班组A		
8		白班	2023-04-20	演示班组A		
统计	已填写：8	已填写：8	已填写：8	已填写：8	已填写：8	已填写：8

图 3-63　自动生成的排班数据

2）自动生成交接班记录

系统根据当日排班数据自动生成班长和班组成员交接班记录，并提醒负责人确认，如图 3-64 和图 3-65 所示。负责人确认后生成交接班记录，如图 3-66 所示，提醒当班人员。

您好：交接班记录已生成，请您进行填写！

查看详情

图 3-64　当班提醒

图 3-65　模板数据

文件名称   **数据状态**   **本班执行的工艺指令单**

未锁   2023-04-13

交接班事项确认

交接班事项确认01

#	* 确认事项	* 是否异常
1	物料情况	否
2	设备情况	否

交接班事项确认02

#	* 注意事项	* 数量
1	波纹填料	10
2	阶梯环	1

SIS旁路情况(Bypass information)

1

操作内容（记录操作时间和操作内容，一行一条记录）

09:00 检查设备；

11:00 检查设备；

———————— 生产情况（含关键参数）/设备仪表问题 ————————

是否异常

是

记录异常现象描述和处理经过

1

异常信息

#	* 重点异常	* 位号	* 是否异常	* 异常描述及处理措施
1	投用率是否100%	t1	是	调整

参数信息

#	* 关键参数	* 位号	* 参数值	* 单位	* 备注
1	qw3	10	11	t	1
2	qw2	20	12	s	1
3	qw1	1000	13	kg	1

图 3-66　交接班记录

111

3）异常交接班统计

到时未完成的交接班记录,统计为异常交接班数据,以日历图的形式展示,如图3-67所示。

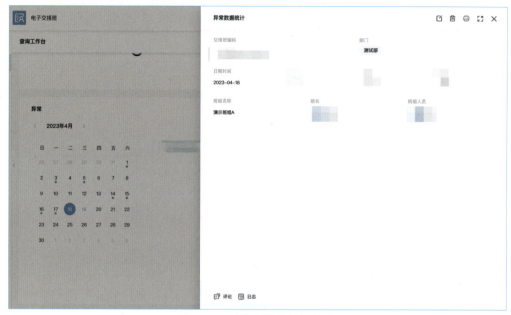

图 3-67 异常交接班数据统计

3. 详细配置

1）根据班组和模板数据自动生成排班数据

具体配置如下。

第一步,录入班组数据、模板数据和期初排班数据(需展示 N 天数据,录入 N 天)。

第二步,先查询排序等于 1 的模板数据 A,再新增数据 B,接着查询历史数据中日期最大的数据 C 并更新数据 B,数据 B 的日期为数据 C 的日期增加一天,如图 3-68 所示。

第三步,新增历史数据后,先将所有模板数据排序减 1,再查询排序最大的数据 D,将排序为 0 的数据(即数据 A)的排序,更新为数据 D 的排序加 1,如图 3-69 所示。

2）按照排班数据和交接班记录模板数据,生成当日的交接班记录

第一步,管理员录入模板数据。

第二步,先按照条件查询今日排班数据,再查询需要复制的数据 A(如果开启新模板,则复制模板数据,否则复制上一班次数据),如图 3-70 所示。

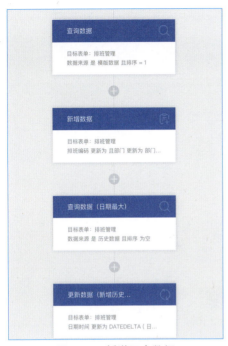

图 3-68 新增历史数据

图 3-69 查询、更新数据[①]

图 3-70 查询排班数据

第三步，复制数据 A，生成与之相同的数据 B，如图 3-71 所示。

---

① 图 3-69 中"模版"的正确写法应为"模板"，后文同。

图 3-71　复制数据 A

第四步，按照查询的排班数据更新数据 B，生成当日的交接班记录，如图 3-72 所示。

图 3-72　生成当日的交接班记录

（五）项目总结

该企业基于得帆云 DeCod 低代码平台实现了交接班全过程的管理，将填写交接班记录从线下迁移至线上。同时，可以复制上一班组的交接班记录，减少重复录入，提高工作效率，使电子交接班记录填写更规范。企业可以管控电子交接班记录的内容，随时查阅记录，做到全过程监督，不断提高电子交接班的质量，持续提高生产效率和质量。

第二节　医药制造

一、销售部门：医药企业销售折让计算

（一）场景背景

随着数字化时代的快速发展，企业销售模式持续更新，尤其是医药行业的企业，需要加强信息化系统的规划，将业务、财务与信息化建设融合，以支持管理转型落地。

在医药企业内部管理中，医药行业折让场景多样，管理链条长，流程效率低，且返利政策灵活多变，存在一定的税务风险。医药企业需要梳理所有返利场景，明确折让兑付原则，回归业务实质，建立合规的医药行业折让管理体系。

（二）业务难点

- 折让计算依赖人工，工作耗时且效率低。
- 人工把控核算来源，存在折让多返和漏返现象。
- 返利兑付周期长，协议管理不规范。

（三）解决方案

销售折让场景主要涉及业务类型、返利政策、返利计算、财务复核、兑付申请和红色通知单模块。

各模块功能如下。

- 业务类型：展示回款业务类型、销售量返利、配送补贴、差价补偿。
- 返利政策：展示客户类别、返利品种、支付方式。
- 返利计算：根据规则、政策、销售明细、回款进行计算。
- 财务复核：财务负责人对返利计算结果进行复核确认，生成对应的凭证。
- 兑付申请：业务提交兑付申请，在线生成折让证明。
- 红色通知单：根据返利系统的客户红票，开具纸质发票。

医药行业的销售折让场景的实施，涉及 ERP 系统的数据导入，进入返利系统计算后，将结果返还到前端的 SRM 系统，销售折让系统流程如图 3-73 所示。

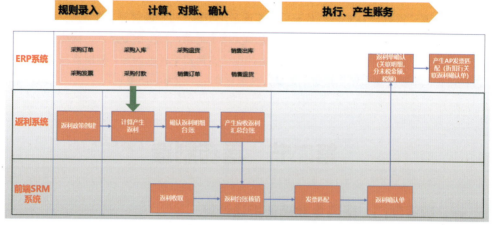

图 3-73　销售折让系统流程

在销售折让场景中，考虑到返利计算逻辑的复杂性，跨平台大量的数据计算，为减轻系统负荷，提高计算效率，引入销售折让计算引擎方案，如图 3-74 所示。

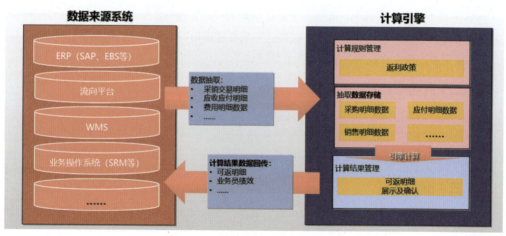

图 3-74　销售折让计算引擎方案

在医药行业销售折让场景使用得帆云 DeCod 低代码平台，可以打通企业销售、折让、政策管理、财务管理等各大业务模块，在将烦琐的工作变得简单的同时，大幅度提高工作准确率和业务合规度，提高业务人员的工作效率。

（四）关键功能

1. 折让管理

1）回款质量

回款质量分为不同的业务线，我们针对同一业务线的应收回款的现金回款比和时间承兑比来计算回款质量，如图 3-75 所示。

图 3-75　回款质量

2）折让计算

如图 3-76 所示，折让计算包括总销售金额、折让销售金额和未申请折让金额。

图 3-76　折让计算

根据回款质量和销售数据计算折让数据，根据客户类型和返利品种计算返利，同时过滤非返利品种。

3）折让计算明细

根据企业已有的销售数据，计算折让数据，折让计算明细如图3-77所示。每一条销售数据都要计算返利，包括当前品种的总销售额、折让销售金额等。

图 3-77　折让计算明细

4）折让数据调用销售数据

在使用得帆云 DeCod 低代码平台构建的返利系统中，可以通过折让数据快速调用销售数据，便捷地进行数据计算，如图 3-78 所示。

图 3-78　折让数据调用销售数据

2. 兑付申请

根据销售基础信息和政策计算返利结果，根据返利结果进行相应的兑付申请，如图3-79所示。

图 3-79　兑付申请

1）兑付申请审批流程

针对不同的兑付类型，需要上传对应的折让证明、红色通知单才能完成审批，如图3-80所示。

图 3-80　兑付申请审批流程

119

2）发起兑付申请

当销售金额大于物料清单的兑付申请金额时，可以根据实际需求的完成物料清单的合并。"兑付申请"表单如图 3-81 所示。

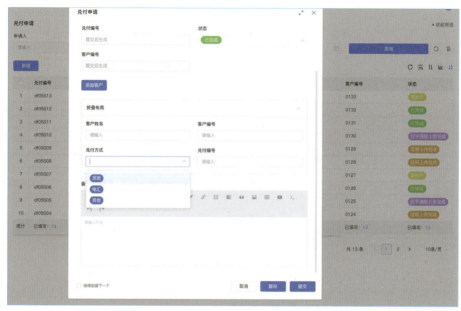

图 3-81　"兑付申请"表单

3. 完整的审批流程

如图 3-82 所示，完整的审批流程为用户发起兑付申请后，提交审批流程，通过财务、财务管理人员审批后，需要上传折让证明。系统根据兑付信息生成对应的折让证明，签字、盖章后，生成税务清单，签字、盖章后上传红色通知单，财务部门根据红色通知单开具票务证明。

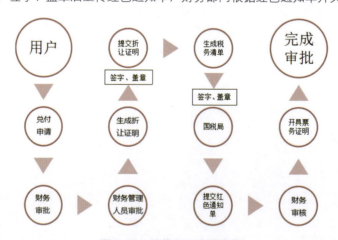

图 3-82　销售折让审批流程

4. 协议政策

1）政策管理

在前台可以根据政策配置折让规则，并根据各企业的返利类型、现金回款比和时间承兑比生成对应的规则，设置折让规则的生效日期和失效日期，"折让规则生成"表单如图 3-83 所示。

图 3-83　"折让规则生成"表单

2）流程设计

设计政策备案的审批流程，配置业务审批、业务财务审批、财务审批 3 个节点，如图 3-84 所示。

图 3-84　设计政策备案的审批流程

3）协议模板

平台提供对应的协议模板，选定适用折让类型和适用业务线。政策管理选定协议模板后，对应的协议模板即可生成协议打印签批文件，以满足不同部门下载协议、打印、盖章和上传的需求，"协议模板"表单如图 3-85 所示。

图 3-85   "协议模板"表单

4）协议递交签批

业务人员需要打印协议模板，盖章后将协议模板上传到协议打印模块，走正规的审批流程，"协议递交签批"表单如图 3-86 所示。

图 3-86   "协议递交签批"表单

5）政策备案

我们要在系统中进行政策备案，"政策备案"表单如图 3-87 所示。

图 3-87 "政策备案"表单

5. 用户返利

对于直发客户，在进行政策备案时，需要构建对应的直发客户，并且选定折让品种对其返利，如图 3-88 所示。

图 3-88 直发客户政策备案

对于非直发客户，不需要填报折让品种，只需要通过调用非直发品种政策，即可满足多客户需求。一般根据"备案客户编号""客户级别""业务线"生成对应的政策，如图 3-89 所示。

图 3-89　非直发客户政策备案

销售数据和政策数据同步更新，如图 3-90 和图 3-91 所示。

图 3-90　销售数据同步更新

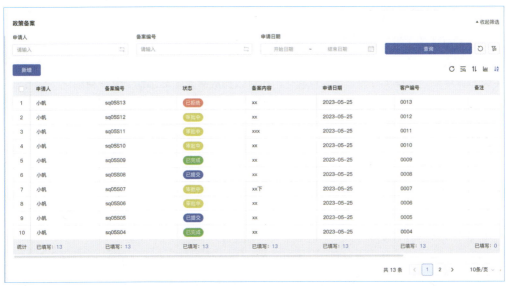

图 3-91　政策备案数据同步更新

非直发客户可以获得品种返利，非直发客户折让政策如图 3-92 所示。

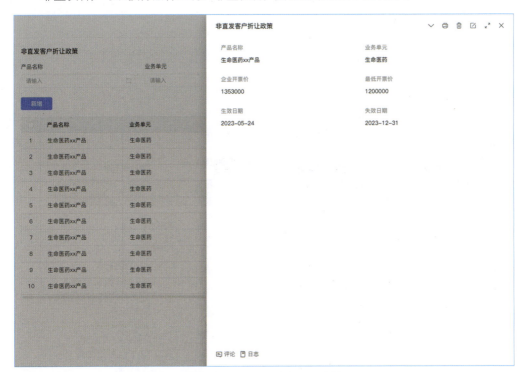

图 3-92　非直发客户折让政策

（五）项目总结

医药行业的销售折让场景普遍出现在大中型企业中。

项目整体实施后，可以实现销售折让的准确核算，在提高数据质量的同时，规避资金损失风险。将折让流程执行线上化、可视化，也可以形成有效闭环，助力管理精细化。

此外，企业可以借此将销售折让管理运营的全链条进行整体性的信息化规划，建立政策及协议管理、折让计算、折让兑付及分析体系，让关键折让信息可视可控，实现业财数据联通，提高内部运营效率，进而获得最大化的业务价值。

二、研发部门：生命科学领域药品研发管理

（一）场景背景

近年来，受国家药品带量采购、药效一致性评价等政策的影响，国内仿制药生产企业在政策压力下谋求新的发展，新药研发及仿制药创新是重要的选择方向。随着生物医药创新企业的崛起，市场不断开放，国家同步出台药品/医疗器械上市许可持有人制度，许可持有人模式已经成为现阶段药企补充自身产品线的主要手段之一。

然而，新药研发周期长、投入高、风险大，要想最终走向成功并非易事。研发过程不可控，药物探索、药学及临床前研究、临床研究、审批与上市等流程需要很长的时间。项目进度、预算管理、实验产出物及 GLP/GCP 管理规范是药品研发管理过程中的重大挑战。

（二）业务难点

药品研发全生命周期如图 3-93 所示，如何对企业内外部人员组织、项目计划、工作包任务、实验产出物、人员协同与绩效、GLP/GCP 合规、研发预算等方面进行管理成了业务难点。

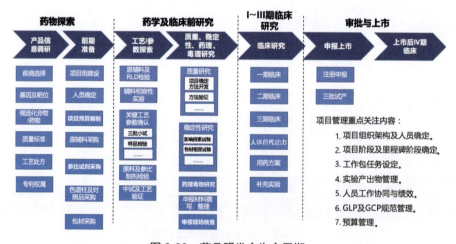

图 3-93 药品研发全生命周期

研发项目管理的重点和难点如下。

- 项目组织人员管理：以项目管理模式对研发中心各组织及项目人员进行管理，对企业外部专家、CRO 企业供应商人员进行有效管理。
- 制订项目计划及设定工作包：制订药品研发整体项目计划及设定各 WBS 工作包，对工作包负责人及产出物进行管理。
- 实验室管理：包括实验室研发过程文件记录，仪器设备的数据采集，设备台账及校验的维护、养保、管理，实验室检测工单管理和物资领用调拨。
- GLP 及 GCP 合规：质量管理人员对药品研发 GLP 及 GCP 方式的执行和管理。
- 项目预算管理：对研发过程中的费用进行预算管理。

（三）解决方案

药品研发管理是一个复杂又综合的系统，从药品研发立项到最终申报上市，贯穿整个药品研发的生命周期，是一个动态的控制过程。

药品研发功能架构如图 3-94 所示，其中包括样品管理、文件管理、仪器管理、质量管理、进销存管理、项目管理等内容。同时需要实现仪器设备的数据采集与 ERP、财务预算、SSC、电子签等系统的数据互通。实现药品研发从药物探索、药学及临床前研究、临床研究、审批与上市的全过程管理。

图 3-94　药品研发功能架构

（四）关键功能

1. 项目创建、项目计划及项目进度编制

搭建项目组织架构及项目调研、项目立项、项目计划，以甘特图的形式展示，如图 3-95 所示。我们可以设置项目过程中的各个关键阶段，制订各关键节点的时间计划，并明确各阶段中 WBS 工作包的内容等，实现对项目全过程的管理。

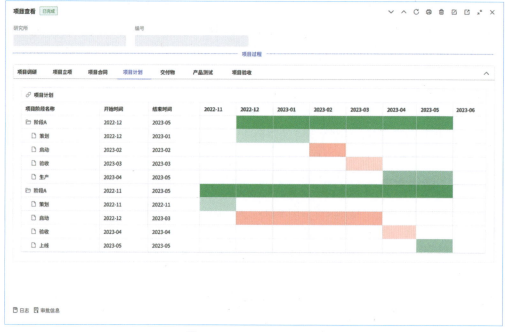

图 3-95　项目计划甘特图

　　针对多项目并行的企业，系统支持项目群管理。研发中心的领导可以通过工作台了解所有在研项目的整体情况，各项目之间的关系等信息，"项目列表"页面如图 3-96 所示。

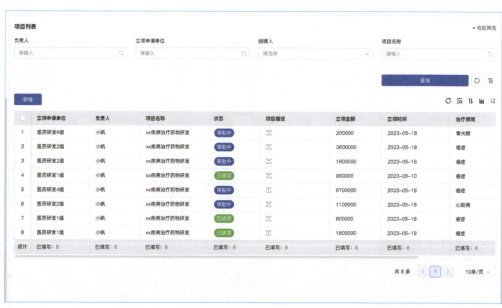

图 3-96　"项目列表"页面

通过个人工作台，如图 3-97 所示，能直接了解研发过程中个人参与的项目的进展，以及研发任务、审批事项等待办任务，提高研发中心内外部人员的办公效率。

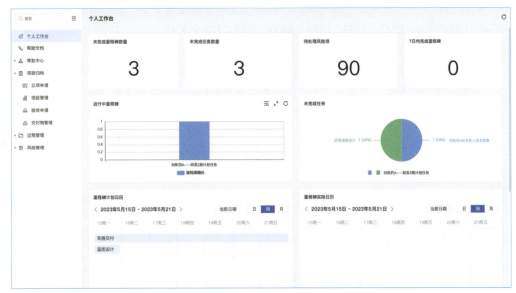

图 3-97　个人工作台

2. 项目文件及交付物管理

系统支持对工作包中设定的文件及交付物的管理，满足对文件分类、多文件类型、文件多编码规则和文件版本等管理的需求，具体可实现以下文件管理需要。

- 集中存储：海量文件集中存储，实现统一的文件共享管理。
- 目录结构：支持树形目录结构，自定义创建文件夹和子文件夹结构。可以自定义目录排序。组织内部的所有成员可以轻松地实现文件的安全共享和查看。
- 文件排序：支持根据文件的标题、大小、日期、上传人等属性进行排序
- 文件审批：支持按不同文件类型搭建文件审批流程，支持移动审批，满足文件审批的管理要求，文件审批流程示例如图 3-98 所示。

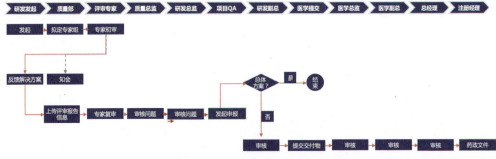

图 3-98　文件审批流程示例

- 权限管理：提供权限控制机制，可以针对用户、部门及角色进行细粒度的权限控制，控制用户的管理、浏览、编辑、下载、删除、打印等操作，实现文件安全共享。
- 多媒体文件管理：除了管理文件，系统还支持多媒体数字资产的存储及管理，包括 GIF、JPG、PNG、MP3、MP4、MOV、ZIP、JAR、RAR、7Z、GZ 等格式的文件。
- 自动归档：如图 3-99 所示，系统自动使用统一规则命名文件，实现文件名称的标准化管理，并根据流程类型或文件类型自动将文件归档到对应目录下。支持文件信息的归类及按目录导出文件，方便药品注册上市审核，大大减轻了研发人员在药品注册申报环节的文件准备、整理的工作量，提高办公效率。

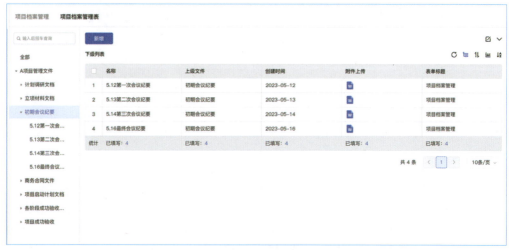

图 3-99　自动归档

3. 实验室管理

系统搭建实验室管理模块，详细记录人员、实验仪器设备、试验耗材、实验室环境和标准品等信息，实现对实验室日常工作内容的管理。

实验室日常管理可以细分为人员管理、仪器管理、耗材管理、标准品管理、环境管理、供应商管理和检验工单管理，如图 3-100 所示。

（五）项目总结

医药研发管理系统的落地，能快速满足提高新药研发速度和效率，极速响应数字化需求，应对不确定性的挑战，与 ERP/ 财务共享等系统的集成，多终端访问，随时随地便利协同，使用者自主搭建，跨团队研发管理需求协同的需求。做到项目进度可视化、资源匹配科学合理、生命周期内可追溯。统一企业语言，定义研发过程中知识文档的数据标准和增、删、改、查流程，确保研发过程文档的质量、数据安全，使管理更加便捷。

图 3-100　实验室日常管理

三、研发部门：医药企业研发项目管理

（一）场景背景

某国内一流制药企业，近年来一直在走创新转型之路。企业研发中心无疑是创新路上的"排头兵"。此时，一个亟待破解的课题摆在企业研发中心面前——在国家政策法规不断变动更新的情况下，如何助力医药研发、提高运营效率？在此背景下，该企业选择使用得帆云 DeCod 低代码平台，利用其灵活配置、快速部署的特点应对研发项目多变的特质。

（二）业务难点

1. IT 支撑层

- 当前缺少完整、成体系的 IT 系统支撑项目全过程的业务流程。
- 随着业务的快速发展，需要一款更好的 IT 工具。

2. 操作层

- 大量工作仍为线下及人工操作，数据准确性、及时性、规范性不能保证。
- 项目各类业务报表、统计与分析需要从各个系统或线下获得，并需要人为进行加工，工作量大。

3. 管理层

- 难以及时、准确掌握项目进度，项目管理难度较大，很难及时发现与管控风险。
- 随着业务的快速发展，研发流程的效率与效果都需要大力提升。

（三）解决方案

项目研发管理全过程如图 3-101 所示，需要达到以下 3 点要求。

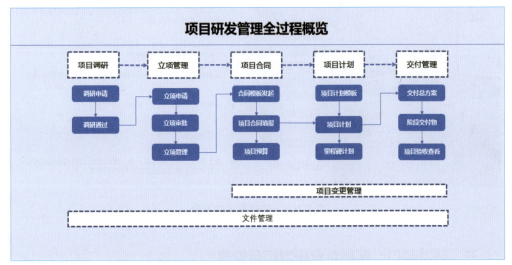

图 3-101　项目研发管理全过程业务概览

1. 业务全过程状态可视化

- 建立以实验室研发项目为中心的全生命周期的管理系统，提升项目管理核心能力。
- 加强项目的进度可视化管理，实时掌握项目的进度及状态，防范风险，并能及时进行决策和控制。

2. 流程标准化、自动化

- 标准化项目全过程节点及任务项，使流程标准化、自动化，提高流程的运转效率。
- 梳理与简化跨部门、跨系统流程，清晰定义流程节点及业务边界，打通部门间信息流通及系统间的数据，实现数据闭环、流程闭环。

3. 管理决策数据化、规范化

- 在关键环节提高控制要求、规范操作及进行交付物文件管理，提升项目全过程合规性。
- 自动收集、统计、分析、归档项目的各类数据文件，如业务过程数据、统计分析数据及流程分析数据等，以辅助各级管理者提高项目管理与决策能力。

（四）关键功能

1. 立项管理

精细化维护项目的基本信息，细化项目类型，上传相关立项报告等文件。流程中相关人员线下组织会议评审，会议内容和结论将维护到系统中，相关文件可以存档，"立项管理"表单如图 3-102 所示。

图 3-102 "立项管理"表单

2. 项目合同

线上统一管理合同模板，保障合同格式的规范性。合同模板通过立项管理中的内容自动带出项目关键信息，通过计划模板自动带出项目关键阶段，避免烦琐的手动输入，如图 3-103 所示。

项目合同模块与项目计划模块相关联，合同审核完成后，系统自动根据合同阶段，生成该项目计划。

合同模板支持维护项目研发信息、项目主要阶段、项目组成员、研发预算费用及类型等信息。

- "项目合同"页面显示项目阶段及支出明细，如图 3-104 所示。
- 如果项目合同发生变更，系统自动记录变更历史，如图 3-105 所示。

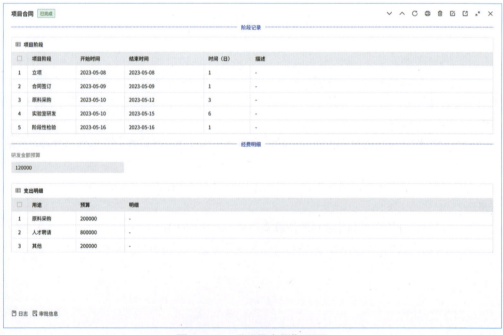

图 3-103　合同模板

图 3-104　"项目合同"页面

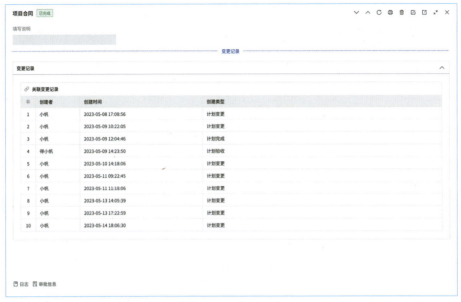

图 3-105 变更历史

3. 里程碑计划

以项目为中心，我们可以制订项目管理过程中各任务项的计划，提供计划与实际差异的对比分析。也可以配置关键里程碑任务，支持实时警示，根据合同中的标准时间，进行预警或显示延期。还可以随时记录阶段任务问题。

● 根据不同的项目，建立多个计划模板，如图 3-106 所示。

	项目类型	项目阶段名称	项目阶段编号	阶段级别	上级阶段	上级阶段级别	操作
1	一型项目	阶段A	XM05S12	1	阶段S	0	编辑 删除
2	一型项目	阶段B	XM05S13	2	阶段A	1	编辑 删除
3	二型项目	阶段C	XM05S14	3	阶段B	2	编辑 删除
4	一型项目	阶段B	XM05S15	2	阶段A	1	编辑 删除
5	二型项目	阶段B	XM05S16	2	阶段A	1	编辑 删除
6	一型项目	阶段D	XM05S17	4	阶段C	3	编辑 删除
7	二型项目	阶段A	XM05S18	1	阶段S	0	编辑 删除
8	一型项目	阶段C	XM05S19	3	阶段B	2	编辑 删除
9	一型项目	阶段C	XM05S20	3	阶段B	2	编辑 删除
10	二型项目	阶段A	XM05S21	1	阶段S	0	编辑 删除

共10条 1 2 3 4 5 … 10条/页

图 3-106 计划模板

● 如图 3-107 所示，将项目关键环节的共性因素定义为里程碑，作为一级任务，固定在系统中。将各项目的个性因素，作为二级任务，授权给项目管理人员进行自定义管理，求同存异。

项目阶段名称	负责人	开始时间	结束时间	状态	验收人	操作
📁 阶段A	小帆	2023-05-08	2023-05-14	● 已完成	小帆	编辑 删除
📄 策划	二帆	2023-05-08	2023-05-11	● 已完成	小帆	编辑 删除
📄 启动	二帆	2023-05-11	2023-05-14	● 已完成	小帆	编辑 删除
📁 阶段B	得小帆	2023-05-08	2023-05-08	● 已完成	得小帆	编辑 删除
📁 阶段A	得小帆	2023-05-08	2023-05-09	● 已完成	得小帆	编辑 删除
📁 阶段A	小帆	2023-05-13	2023-05-23	● 审批中	小帆	编辑 删除
📄 策划	二帆	2023-05-13	2023-05-15	● 已完成	小帆	编辑 删除
📄 启动	二帆	2023-05-15	2023-05-20	● 审批中	小帆	编辑 删除
📄 验收	二帆	2023-05-20	2023-05-23	● 审批中	小帆	编辑 删除
📁 阶段B	小帆	2023-05-10	2023-05-13	● 已完成	小帆	编辑 删除

图 3-107　项目里程碑

4. 交付物管理

交付物管理有统一发起入口，根据交付物类型不同（如阶段评审报告、技术文件、申报资料等），展示不同表单及审批流程，提高用户体验，"交付物管理"页面如图 3-108 所示。

● 交付物管理模块关联文件管理模块，系统根据各阶段提交的交付物的类型，将交付物自动归档到对应目录下，方便建立组织过程资产。

● 交付物管理模块关联项目计划模块，各阶段交付物提交完毕后，即表示该阶段完成，更新项目计划状态。

图 3-108　"交付物管理"页面

同时，企业可以定制申报资料目录，按指定目录提交资料。

5. 文件管理

如图 3-109 所示，建立项目文件标准目录。项目立项后自动创建项目档案，根据项目管理模块各流程实现附件自动归档，例如立项报告、合同、交付物等。同时，精细化权限管控，根据文件授权开放文件预览权限。为提升操作的便捷度，支持将文件按项目批量打包下载为压缩包。

图 3-109　建立项目文件标准目录

6. 项目查看

以项目为维度，可以查看项目全过程，包括项目调研、项目立项、项目合同、项目计划、交付物等研发过程中的各个阶段，实时掌握项目的进展及状态，使项目全生命周期可视化，"项目查看"表单如图 3-110 所示。

（五）项目总结

项目研发管理系统的成功上线，开启了该企业研发业务管理的新篇章。

通过项目研发管理系统，将线下烦琐的人工管理转移到线上，实现项目研发信息即时更新、即时共享、即时跨部门同步签批，缩短了流程时间，提高了管理效率，更好地实现了研发业务统筹管理与研发数字化转型的目标，助力研发业务运营。

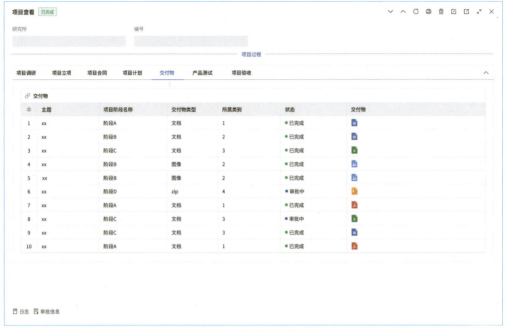

图 3-110 "项目查看"表单

四、采购部门：医药集团基础数据变更管理

（一）场景背景

在数字化改革大背景下，企业对企业内部产品信息、客户信息等基础数据的精度要求越来越高。这类基础数据的变更、维护将直接影响企业产品的生产和销售。所以企业对基础数据的准确性、时效性提出了更高的要求。

以医药行业为例，因为医药行业受到严格的国家政策管控，医药药物流通监控更严厉。所以药品流通型企业的客户信息管理需要满足国家 GxP 规范（GxP 规范是一系列规范的总称，包括 GMP、GSP、GLP 等）。

为符合国家管理要求，某医药集团需要对基础数据的变更进行管理，当客户的基础资料发生变更时，记录变更的详细过程，对变更过程进行监督和管理，便于质量追溯和质量跟踪。

（二）业务难点

- 客户数量达千家，客户信息变更过程中难免出现错漏。
- 变更前后无记录、无监督，变更信息无法溯源。
- 变更审核流程不明确，人员安排较混乱。

● 变更过程中存在信息泄露、监管不力等风险。

（三）解决方案

我们基于可视化方式对集团基础数据变更需求进行配置，配置项覆盖率高达 96%。新旧数据对比差异化展示，可以通过前端脚手架封装实现，满足集团对业务数据的合规性要求。此外，可以通过得帆云 DeCod 低代码平台快速实现版本管理与控制，与传统开发方式相比，开发周期缩短至原来的 1/3，实施难度明显降低。

客户基础资料变更申请主流程如图 3-111 所示，具体实现以下功能。

● 对客户信息数据提供版本管理，审批通过后客户信息变更才能生效，且对变更前后的数据进行存档。

● 在提出变更申请时，系统自动显示变更前的数据，便于记录变更的详细过程与变更字段，满足企业质量管控要求。

● 针对变更申请，变更字段不会立刻生效，而是由相关人员审核后才能生效，避免员工申请时误操作，确保变更不会引发质量风险，保障集团数据安全合规。

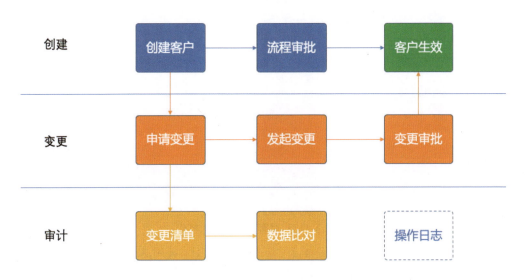

图 3-111　客户基础资料变更申请主流程

客户创建：从客户信息创建开始，如图 3-112 所示，通过审批流程对客户进行准入操作，如图 3-113 所示。业务人员只能选择已准入且已生效的客户开展相关业务。

图 3-112　客户信息创建

图 3-113　对客户进行准入操作

客户变更：当客户信息发生变更后，员工申请变更相关客户的信息，如图 3-114 所示。发起变更后，系统提供新旧数据对比，如图 3-115 所示，在通过合规流程之后，变更的客户信息才能生效。

图 3-114　申请变更相关客户的信息

图 3-115　新旧数据对比

客户审计：在集团进行信息安全审计时，查询客户信息变更记录和变更数据对比信息，如图 3-116 和图 3-117 所示，以及业务员操作日志信息等。

图 3-116　客户信息变更记录

图 3-117　变更数据对比信息

（四）关键功能

1. 查询客户信息变更记录

当创建的客户信息发生变更时，通过按钮触发并配置业务事件，如图 3-118 所示。查询客户是否创建过变更记录，业务事件如图 3-119 所示。

- 创建过变更记录：在创建的变更记录上追加新的变更明细。
- 未创建过变更记录：创建变更记录，创建变更记录明细。

图 3-118　通过按钮触发并配置业务事件

图 3-119　查询客户变更记录的业务事件

2. 客户信息对比

客户信息变更支持页面初始化与数据对比，此功能同样可以通过创建业务事件来实现，新建变更的业务事件如图 3-120 所示。客户信息对比的业务事件如图 3-121 所示，我们可以配置查询节点和调用节点，调用变更前的历史数据，通过页面初始化对历史数据进行赋值，并将历史数据设置为"只读"，新数据设置为"可编辑修改"。其中，调用节点的配置如图 3-122 所示。

图 3-120　新建变更的业务事件

图 3-121　客户信息对比的业务事件

图 3-122　调用节点的配置

（五）项目总结

医药企业合规管理是企业的安身之基，发展之本。医药企业被多个部门、多条管线监管，基础数据合规保护非常重要。

该集团实施基础数据变更管理后，优化了客户信息变更流程，实现了客户信息从创建、变更到审计全流程的闭环管控，变更管理职责更清晰、明确，也有效提高了基础数据变更管理的执行效率和可追溯性。

第三节　装备制造

一、生产部门：流程制造企业工序模板管理

（一）场景背景

某大型流程制造企业业务逐步发展，原定制的流程工序管理系统短板逐渐显现。这家流程制造企业在新增多条产品线、多家子公司业务的情况下，原有的系统在面对变化快、灵活性高的流程工序管理时，遇到极大的响应阻碍。

定制系统建设初期，详细梳理了当前企业内所有流程工序，并依据梳理结果进行了配套开发，响应了当时的需求，但扩展层面的考虑较少。系统运行几年来，一旦涉及工序层级增减、层级内工序增减时，都需要开发方进行开发支持。

企业在业务线变动较慢的情况下还能从容应对，但随着该企业业务量的井喷式发展，定制开发响应的方式逐渐出现阻塞，严重影响了生产活动的进行。

（二）业务难点

- 定制开发的流程工序管理系统扩展性差，工序层级增减、层级内工序增减等场景都需要进行定制开发。
- 一条具体的工序修改（工序增减）都会导致数据库结构的变化，历史工序信息只能以打包上传的方式留痕，不能实时查看。

（三）解决方案

我们通过得帆云 DeCod 低代码平台上线"工序管理"和"项目管理"两个大类菜单，将工序模板与现场执行进行解耦，在"项目信息管理"页面中选择对应的工序类型，利用业务事件的后台编排与提交机制为该项目挂载"工序模板管理"页面预录入工序，从而灵活控制核心功能"作业计划管理"页面中经常随需求而发生变化的工序模板。

具体来说，在"工序管理"菜单中，预制 1 ～ 10 级（流程制造极少超过 10 级）工序模板，

每级之间通过关联表单中项目类型编码和当前工序序号联合编码构建唯一的层级关系。

使用方将先在"工序模板管理"页面中进行模板预填入，即选择几级工序层级、录入项目类型、设置每层级下工序流程。随后在"项目信息管理"页面中新增项目并选择对应的项目类型，利用业务事件功能在后台提交一套属于该项目的工序模板。最后在"作业计划管理"页面中基于预录入的工序模板完成计划排布。

因此，无论工序变化得有多快，通过此方式构建的工序都可以通过模板预录入的方式快速响应。且因为层级表单解耦，化列为行，工序改变不影响整体数据结构，因此在同一套系统下可以实时查看历史工序信息。

（四）关键功能

1. 工序管理模块配置

以二级工序管理为例，首先创建一个"工序模板管理"表单，表单组件包含"项目类型""类型编码"等业务字段，并可以根据实际业务设置编码流水号、是否只读等，如图 3-123 所示。

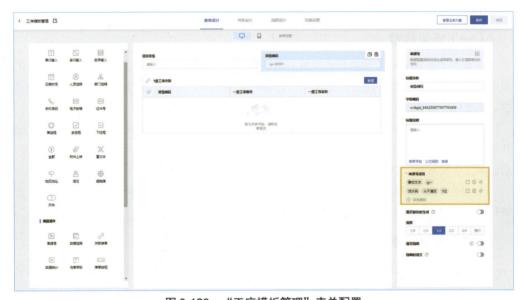

图 3-123　"工序模板管理"表单配置

其次，创建"一级工序管理"表单，表单组件包含"类型编码""一级工序编号""一级工序名称""合并编码"等业务字段，如图 3-124 所示。

将"类型编码"设置为只读状态，它由"工序模板管理"表单中的"类型编码"在关联表单时直接赋值。

"合并编码"业务字段使用 CONCAT 函数，将"类型编码"和"一级工序编号"业务字段进行合并，构成下级关联主键，并设置为只读状态，如图 3-125 所示。

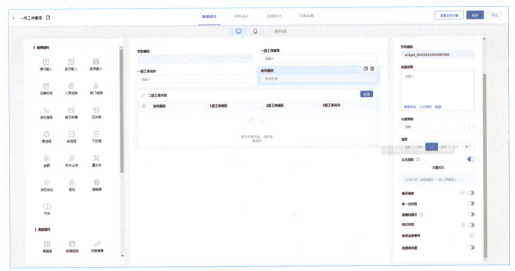

图 3-124 "一级工序管理"表单配置

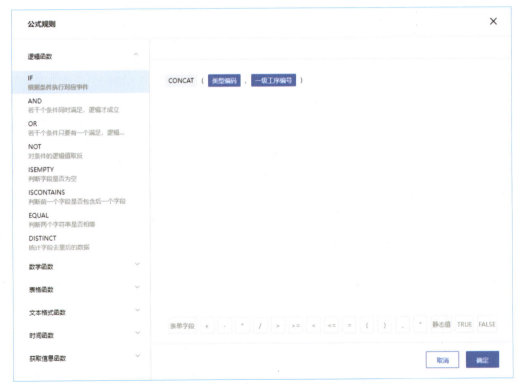

图 3-125 "合并编码"业务字段公式规则配置

接下来，创建"二级工序管理"表单，表单组件包含"合并编码""一级工序编码""类型编码""二级工序编码""二级工序名称"等业务字段，如图 3-126 所示。

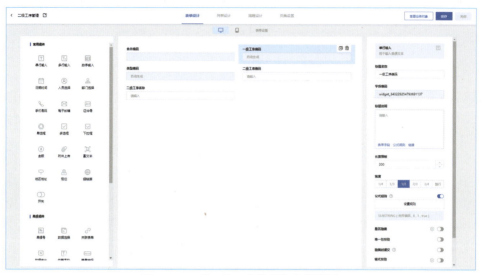

图 3-126 "二级工序管理"表单配置

　　"合并编码"业务字段取自上级"一级工序管理"表单中的"合并编码"业务字段，通过关联表单直接赋值，"一级工序编码""类型编码"业务字段使用 SUBSTRING 函数对"合并编码"业务字段进行拆解来获得，如图 3-127 所示，将以上 3 个业务字段"自动取数"设置为只读状态。

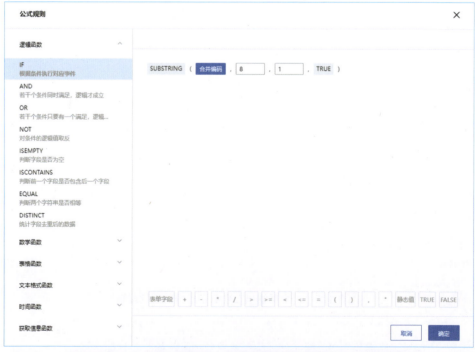

图 3-127 "一级工序编码""类型编码"业务字段公式规则配置

此时，一个两级的"工序管理"所需表单就构建完成了。接下来以"一级工序管理""二级工序管理"表单为例，通过关联表单组件，构建每一个表单的下属层级关系。

在"一级工序管理"表单中，拖曳关联表单，选择关联字段，两者的关联关系由"合并编码"业务字段构建（"工序模板管理"表单和"一级工序管理"表单由"类型编码"业务字段进行关联），设置显示字段，打开"是否允许新建"功能开关，后续将基于该功能实现层级操作，如图 3-128 所示。

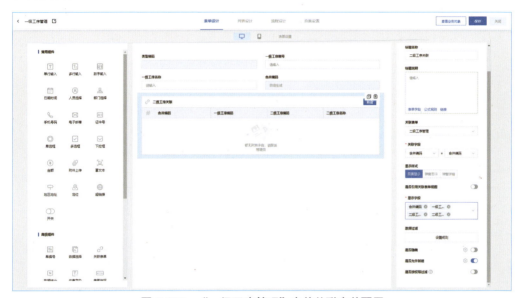

图 3-128 "一级工序管理"表单关联表单配置

2. 项目管理模块配置

首先，创建"项目信息管理"表单，包含"项目订单号""项目名称""项目类型""PM""执行班组""预执行时间"等业务字段，其中"项目类型"业务字段使用数据选择控件，数据取自"工序模板管理"表单的"项目类型"业务字段，如图 3-129 所示。

然后，创建"作业计划管理"表单，包含"项目名称""项目编号""项目类型"等业务字段，如图 3-130 所示。"项目名称"业务字段取自"项目信息管理"表单的"项目名称"业务字段，并通过业务事件对其余两个业务字段进行赋值，并这两个业务字段设置为只读状态，如图 3-131 所示。

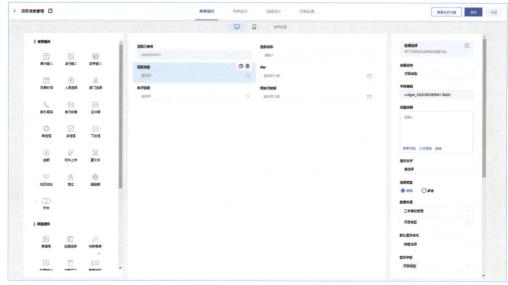

图 3-129 "项目信息管理"表单配置

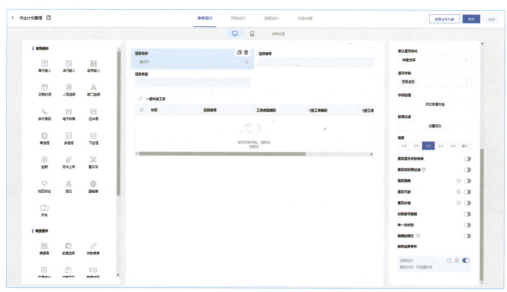

图 3-130 "作业计划管理"表单配置

图 3-131　业务事件赋值

　　接着，创建"一级作业管理"表单和"二级作业管理"表单。其中，"一级作业管理"表单和"一级工序管理"表单基本保持一致，只需要新增"状态"业务字段，用于标志现场作业情况，将其余业务字段均设置为只读状态，后续挂载业务事件将对其进行赋值，如图 3-132 所示。

　　"二级作业管理"表单和"二级工序管理"表单基本保持一致，增加现场管理所需的业务字段即可，如图 3-133 所示。

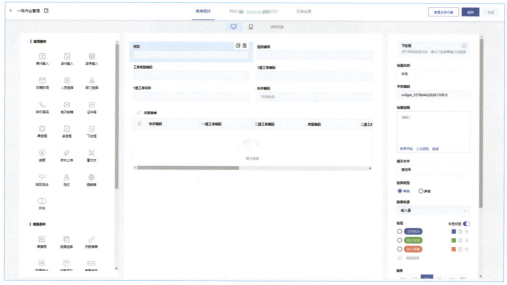

图 3-132 "一级作业管理"表单配置

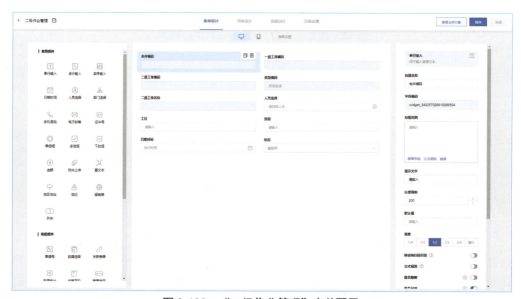

图 3-133 "二级作业管理"表单配置

至此,"项目管理"菜单所需表单构建完成,接着构建模板挂载项目的业务事件。

整体流程为工序模板预填、项目信息创建、作业计划申请、作业计划排布、现场执行。在作业计划申请审批通过后触发后台业务事件,如图 3-134 所示。将"作业计划管理"表单中的"项目类型"业务字段放入"工序模板管理"表单中进行查询,并将该类型所对应的预制工序模板写入"作业计划管理"表单,由此完成模板挂载操作。

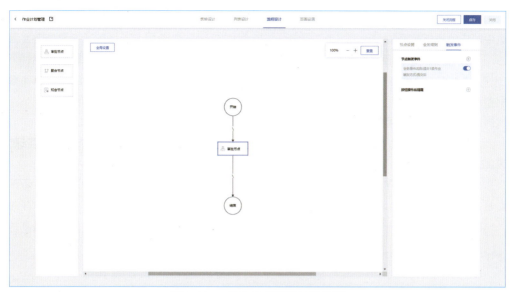

图 3-134　后台业务事件触发位置

执行顺序如图 3-135 所示。

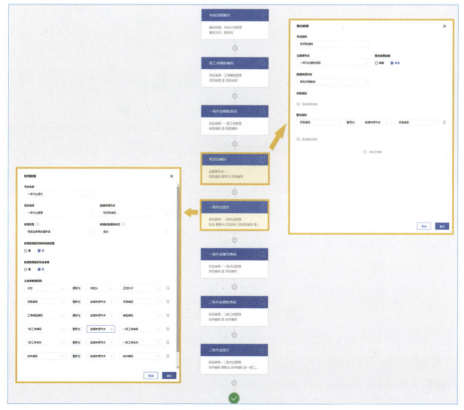

图 3-135　执行顺序

（1）使用"作业计划管理"表单中的"项目类型"业务字段查询"工序模板管理"表单中对应的模板数据。

（2）将第一步返回的"类型编码"送入"一级工序管理"表单中，返回一级作业模板数据。

（3）查询"作业计划管理"表单中的"项目编码"业务字段并将其与第二步中返回数据整合。

（4）将第三步中整合的数据写入"一级作业管理"表单。

（5）与第二步和第三步类似，将"二级工序管理"表单中的数据写入"二级作业管理"表单。

至此，我们完成了模板挂载操作。

3. 前台效果

此时我们按业务流程进入系统，首先预创建项目类型"组装"，并在一级作业类型中创建 3 道一级工序，如图 3-136 所示。

图 3-136 创建一级工序

每一道一级工序可以创建其对应的二级工序，如图 3-137 所示。

"组装"类型工序模板创建完成。接着进入"项目信息管理"页面创建项目并选择我们刚刚创建的工序模板，如图 3-138 所示。

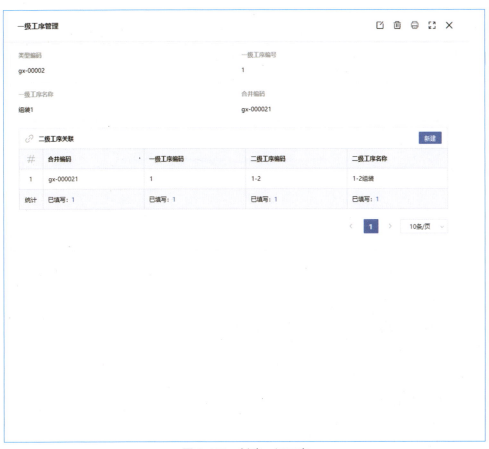

图 3-137 创建二级工序

图 3-138 创建项目并选择工序模板

然后进入"作业计划管理"页面申请作业，审批通过后挂载"组装"类型的一级工序模板和二级工序模板，如图 3-139 和图 3-140 所示。

图 3-139　挂载一级工序模板

图 3-140　挂载二级工序模板

　　对应模板挂载成功后，基于模板完成现场计划排布，如图 3-141 所示。
至此，整个工序模板的管理及挂载流程全面走通。

图 3-141　对应模板挂载成功

（五）项目总结

流程工序管理对众多流程制造企业来说是非常重要的环节。在得帆云 DeCod 低代码平台上，我们通过公式函数、业务规则、业务事件、关联表单的组合构建了一套业务人员自管理模板、自挂载项目的流程工序管理系统。

与以往使用代码定制开发匹配新流程工序的方式相比，使用得帆云 DeCod 低代码平台构建的流程工序管理系统大幅度提升了新业务线、新产品线对流程工序管理的响应速度和上线速度。

二、生产部门：机械制造企业生产备件全生命周期管理

（一）场景背景

某机械制造企业内备件的需求量逐年增多，但始终缺乏从采购、验收/退货、领用/退料、维修到台账的管理，以及基础信息的闭环管理和数据共享。

另外，采购对象、采购方式、采购类型的多样性，导致现有信息参差不齐，因此设备生命周期规范化管理需进一步深化，避免产生不必要的风险和隐患。

（二）业务难点

- 日常管理工作量大，无法集中管理备件。
- 各个部门管理衔接不畅。
- 采购、收货、退货、领料、退料关联性不强。
- 数据分散，并且没有统一的管理规范。

（三）解决方案

我们基于得帆云 DeCod 低代码平台构建设备生命周期管理平台及供应商门户，如图 3-142 所示，实现备件全流程管理，统一管理规范，加强各个流程的衔接。

单据填写时关联其他表单带出基本信息，各个部门共享数据，完成数据的联动和共享，建立统一的数据标准，实现上下游数据共享。

同时，梳理各类备件之间的关联关系，使采购/领用要素数据化、标准化，通过系统进行关联、规范，减少不必要的采购和领用。

就此，我们实现备件采购、备件送货、备件退货、备件领料/退料、备件库存调整等过程的集中化、线上化管理，为信息化建设打下坚实基础。

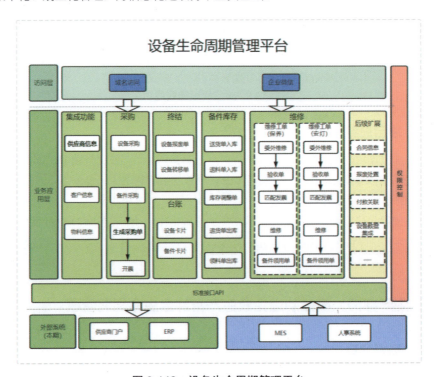

图 3-142　设备生命周期管理平台

（四）关键功能

1. 基础信息管理

基础信息管理提供系统所需的各类基础信息并统一管理入口，连接企业 ERP 系统，将信息定时同步/实时同步至设备生命周期管理。

1）备件台账

备件台账用于记录备件操作，每进行一次操作，表单就会自动生成一条备件记录，如图 3-143 所示。

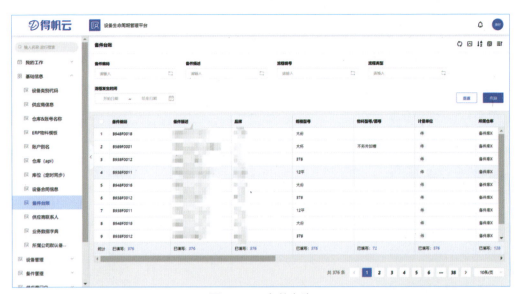

图 3-143　备件台账

2）供应商信息

供应商信息连接企业 ERP 系统，定时同步数据，实现供应商数据过滤，如图 3-144 所示。

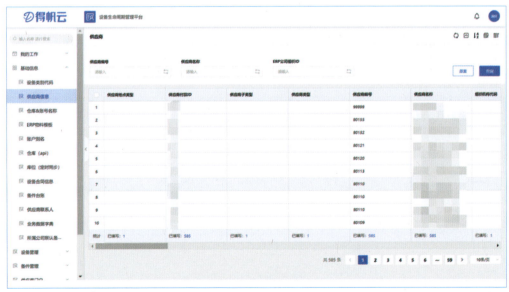

图 3-144　供应商信息

2. 备件管理

备件管理可以生成备件编码并将数据同步回写至 ERP 系统，查看备件库存、库龄及备件采购情况。

1）备件编码申请

统一备件的编码管理规范，使其根据设置的规则，在审批通过后生成编码并同步回写至 ERP 系统，如图 3-145 所示。

图 3-145　备件编码申请

企业各家分公司有不同的备件编码规则，分公司可以根据账号权限查看其备件编码。

分公司可以根据备件名称查询之前是否有备件，确认是否需要申请备件，审批通过后根据备件类型生成对应的编码，"备件编码申请"表单如图 3-146 所示。

图 3-146　"备件编码申请"表单

2）备件信息

备件信息在修改后同样可以同步至其他分公司和 ERP 系统，如图 3-147 所示。

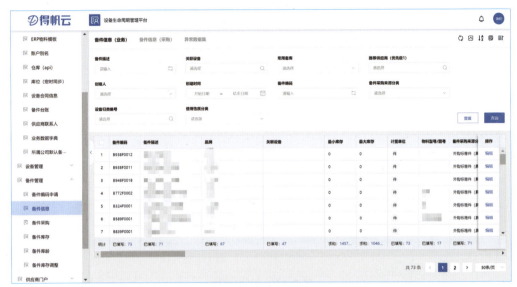

图 3-147　备件信息

"备件信息"表单如图 3-148 所示，"备件信息"表单的修改方式如下。

● 修改某分公司的备件描述之后，可以同步修改其他分公司的备件描述，根据备件编码
进行数据同步。

● 可以调整备件的状态，当状态为失效时，不能选择此数据。

图 3-148　"备件信息"表单

3）备件采购

一条单据支持采购多个备件，选择多家不同的供应商，如图 3-149 所示。

图 3-149　备件采购

当选择的备件无供应商时，可以手动选择供应商，审批通过之后回写至备件信息。当选择的备件有供应商时，默认带出优先级为 1 的值，即自动选择最优供应商。

4）备件库存

分公司根据备件编码及所属库位的唯一性生成库存，如果涉及其他表单（备件采购、备件送货、备件退货、备件领料、备件退料），且该表单是已完成状态，则同步更新备件库存数量，如图 3-150 所示。

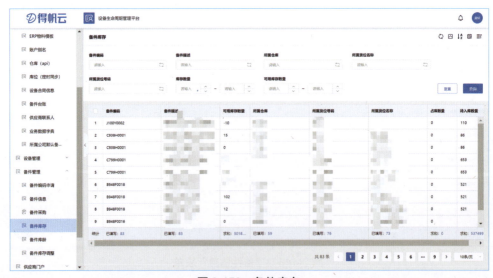

图 3-150　备件库存

5）备件库存调整

备件库存数量及金额的调整，需要在审批通过之后同步更改，如图 3-151 所示。

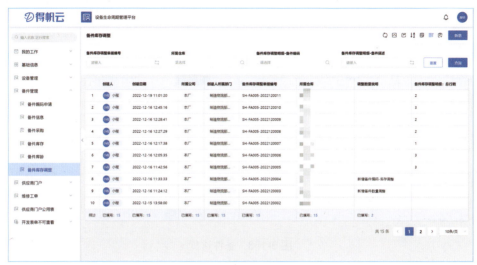

图 3-151　备件库存调整

3. 供应商门户

我们为供应商设置单独的登录门户，在供应商门户中查看对应的备件送货、退货及开票管理等信息。

1）供应商门户查看页面

供应商能查看备件采购明细、备件送货、备件退货等内容，如图 3-152、图 3-153 和图 3-154 所示。通过数据过滤功能，供应商仅能查看和自己相关的采购数据。

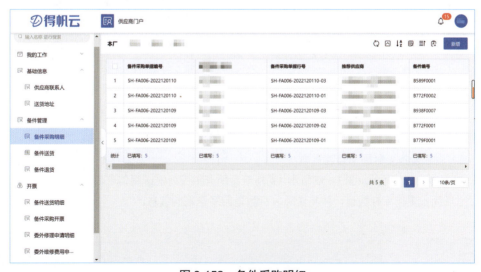

图 3-152　备件采购明细

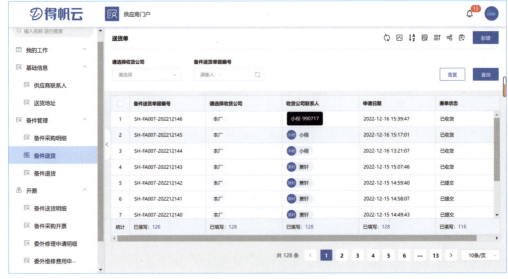

图 3-153　备件送货

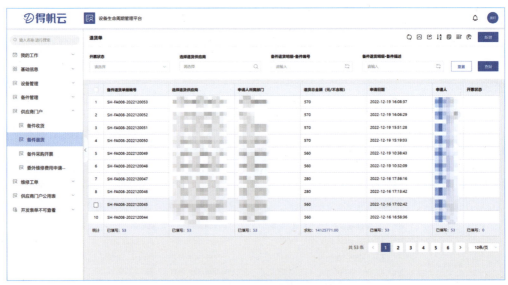

图 3-154　备件退货

2）企业设备生命周期管理页面

"备件收货"页面如图 3-155 所示，支持查看所有供应商的送货信息，可以进行收货操作，收货之后同步更新库存数量，并将实际收货数量回写至采购信息。

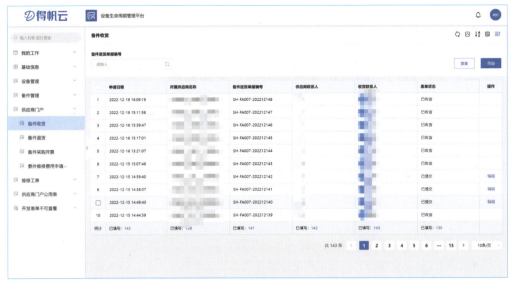

图 3-155　"备件收货"页面

"备件退货"页面如图 3-156 所示，业务人员可以选择供应商进行退货操作，退货审批通过之后同步更新库存数量，同时进行数据校验，确保退货数量不超过入库数量。

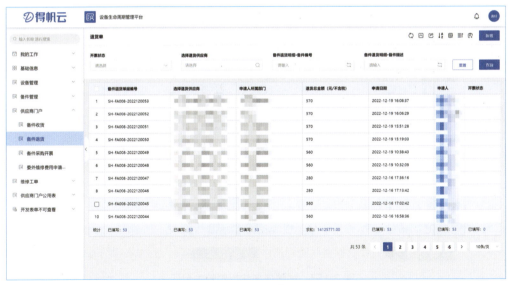

图 3-156　"备件退货"页面

（五）项目总结

备件管理是企业设备管理的重要组成部分。得帆云设备生命周期管理平台可以对各类备件进行全生命周期管理，帮助企业高效管理备件采购、备件送货、备件退货、备件调整、备件领料、备件退料等。

得帆云设备生命周期管理平台落地之后连通各个部门，接通各个关联模块，减少线下工作，提高工作效率，对备件各流程进行统一管理，为企业带来更多的效益。

三、生产部门：制造企业精益试验一体化管理

（一）场景背景

当今社会竞争激烈，为了提高核心竞争力，大型制造企业都在积极实施精益生产和精益管理，建立高效率、高产能和更安全的生产模式。某大型企业在试验任务执行时就存在诸多问题，影响了企业生产和运营效率。

（二）业务难点

如图 3-157 所示，试验任务执行时的主要问题如下。

- 试验任务在多平台上执行，月度计划在资源管理系统中发起，订单审批流程在 OA 系统发起，系统间集成性差。
- 试验订单审批的节点较多，容易出现审批不及时的情况，导致订单管控滞后。
- 在试验过程中，由于接单员线下通过手写记录的方式传递试验数据，准确性难以保障，同时没有平台进行数据整合及管理，试验数据难以得到充分利用。
- 成本核算功能缺失，试验成本不可控。

图 3-157 试验任务执行时的主要问题

基于以上问题，企业需要搭建新的精益试验平台。

（三）解决方案

精益试验平台的目标与模块规划如图 3-158 所示，企业对于新的精益试验平台，提出了以下几点规划。

- 业务流程标准化：严格按照计划——订单——试验任务——日志的流程进行，订单基于计划下达，试验任务基于订单执行，日志基于试验任务生成，最后以订单的维度整合日志并进行成本核算。
- 资源整合 IT 化：通过集成功能，将之前在多个平台上的操作，整合在精益试验平台上。
- 试验任务人性化：将任务下达、试验准备、进度监控等工作从线下转为线上，减少人工操作。
- 台架试验一体化：将计划和订单进行关联，同时实现日志与试验任务的双向关联。

图 3-158 精益试验平台的目标与模块规划

企业使用得帆云 DeCod 低代码平台搭建精益试验平台，专注于实现订单、计划、任务、成本核算一体化管理。精益试验平台共 16 个功能页面、30 个数据模型，实现流程化、集成化、标准化管理，并快速响应企业业务调整。

（四）关键功能

1. 整合月度计划和试验订单

如图 3-159 所示，月度计划编制完成后，通过单击"一键生成订单"自定义按钮，发起试验订单审批流程，通过业务事件将月度计划和试验订单整合起来，如图 3-160 所示，整合效果如图 3-161 所示。

图 3-159 "一键生成订单"自定义按钮配置

图 3-160 通过业务事件整合月度计划和试验订单

图 3-161　整合效果

2. 试验订单流程配置和提醒

配置试验订单流程，在各审批节点配置消息提醒，保证审批的时效性，如图 3-162 所示。

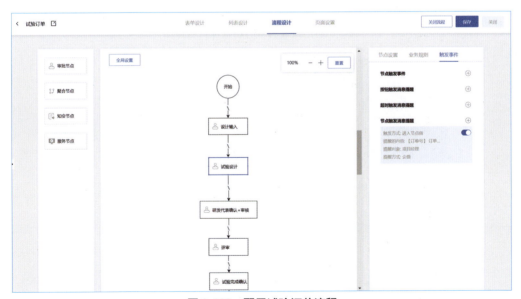

图 3-162　配置试验订单流程

3. 试验任务和工作日志双向关联

试验任务完成后，单击"完成试验"按钮，新增工作日志。同时通过调用节点和外部节点，获取试验数据，如图 3-163 和图 3-164 所示。通过关联表单，实现试验任务和工作日志双向关联，如图 3-165 所示。在试验任务处可以查看工作日志，了解任务执行情况。在工作日志处也可以清晰查看台架执行了哪些试验任务及试验任务详情，时间统计展示效果如图 3-166 所示，台架油耗 / 气耗展示效果如图 3-167 所示。

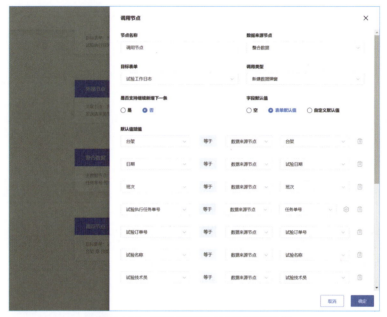

图 3-163　通过调用节点获取试验数据

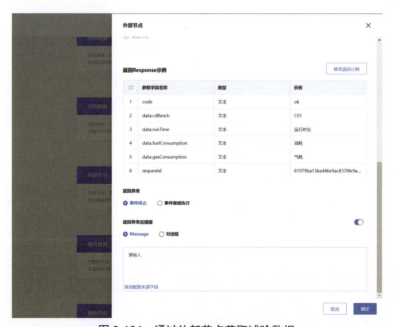

图 3-164　通过外部节点获取试验数据

图 3-165　试验任务和工作日志双向关联

时间统计		
运行时间（小时）	停机时间	占台架时间（小时）
0.7	4	4.7

图 3-166　时间统计展示效果

台架油耗/气耗	
当班燃油消耗量（kg）	当班燃气消耗量（kg）
108.375	0

图 3-167　台架油耗 / 气耗展示效果

4. 成本核算

基于试验订单，整合试验订单下的工作日志，利用公式规则，满足燃气消耗计算、台架消耗计算、成本核算等多种场景下的复杂计算，如图 3-168、图 3-169 和图 3-170 所示。

图 3-168　燃气消耗计算公式规则

图 3-169　台架消耗计算公式规则

图 3-170　成本核算展示效果

（五）项目总结

得帆云精益试验平台可以有效协助企业实现业务流程标准化、一体化管理。订单基于计划下达，试验任务基于订单执行，工作日志基于试验任务生成，最后以订单的维度整合工作日志并进行成本核算，帮助企业提高工作效率，实现精益试验智能化管理。

四、生产部门：装备制造企业生产车间异常情况管理

（一）场景背景

生产异常是指因生产流程、作业方法、机器设备、研发设计、材料及内外环境等因素变化而造成的生产停滞、不合格品数量上升或生产效能下降等情况。它会导致生产计划重排、交货期延后、生产成本上升等，严重影响企业的生产能力。因此，车间在生产过程中，生产异常的响应和处理是制造企业的重点关注问题。

某制造企业，当车间发生异常或产生需求时，需要对车间班长提出的异常或需求进行审批，对异常报告或需求，从提出、处理、实施到反馈这一套标准流程进行闭环管理，保障流程规范化实施。

（二）业务难点

在流程配置过程中，存在以下业务难点，增大了配置难度。

● 各车间未维护的组织结构不同。

● 各组织之间的层级关系未明确。

● 各审批节点包含不同的操作，须严格配置。

● 不同处理方式之间存在各种制约关系。

（三）解决方案

通过与客户实际沟通，结合实际情况，我们为企业梳理出生产异常响应处理流程，如图 3-171 所示。

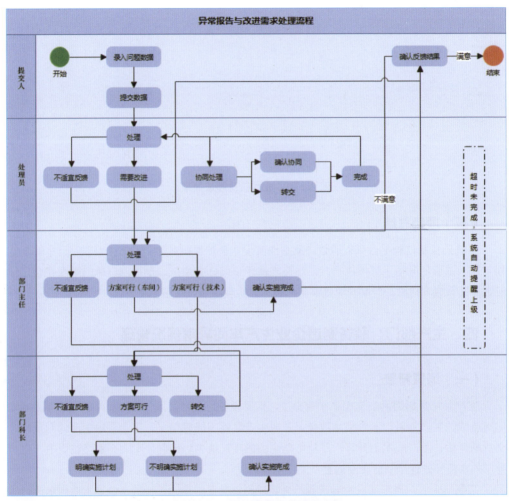

图 3-171　生产异常响应处理流程

根据流程，我们需要实现以下目标。

● 对于异常报告或需求，从提出、处理、实施到反馈，全流程实施标准化闭环管理。

● 不同的审批节点选择不同的处理方式，触发不同的数据校验与业务事件。

● 显示异常数据与协同数据之间的关联关系。

● 对系统操作人员进行角色维护。

（四）关键功能

1. 角色维护

统一维护系统操作人员的角色，以及当前角色所属部门。

2. 提交数据

填写异常信息，单击"提交"按钮，进入审批流程，如图 3-172 所示。

图 3-172　提交数据

3. 审批数据

　　工厂处理员处理异常时，必须选择一种处理方式，否则"异常上报"表单右下角的 3 个审批按钮单击无效，如图 3-173 所示。

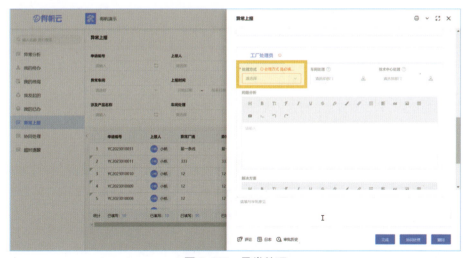

图 3-173　异常处理

流程中涉及的处理方式有以下几种。

- 协同处理。
- 需要改进。
- 不适宜反馈。
- 方案可行。
- 转交其他科室。
- 满意评价。
- 不满意评价。

以下依次展示各处理方式及其处理步骤。

1）协同处理

当"处理方式"选择"协同处理"选项时，表示技术员无法自行解决当前异常，需要其他部门成员进行协助。此时，必须新建协同处理数据，描述需要协同处理的问题及反馈时间，才能进入协同处理节点，否则报错，如图 3-174 所示。

图 3-174　协同处理报错

协同处理后，再次对异常处理方式进行确认，前提是协同处理数据都已完成，否则报错，如图 3-175 所示。

2）需要改进

当"处理方式"选择"需要改进"选项时，表示车间异常需要其他方面的改进才能解决。此时，必须选择工厂处理（车间内部处理）或信息处理（技术中心处理）方式，填写问题分析和解决方案，才能进入需求改进审批流程，否则报错，如图 3-176 所示。

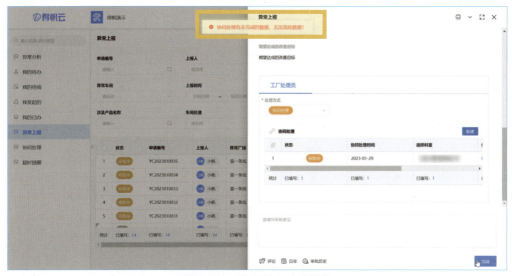

图 3-175　协同处理确认报错

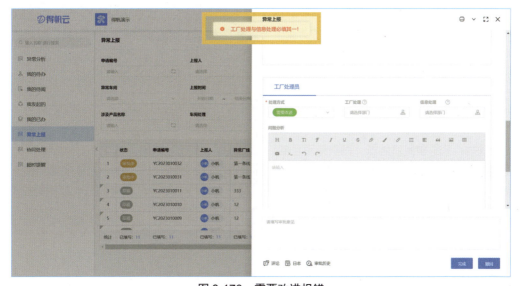

图 3-176　需要改进报错

3）不适宜反馈

当"处理方式"选择"不适宜反馈"选项时，即表示当前异常不适宜向上级反馈。此时，必须填写不适宜情况解释和说明，数据才能进入正常流转，否则右下角的按钮单击无效，如图 3-177 所示。

图 3-177 不适宜反馈

4）方案可行

当工厂处理员处理完成，且处理方式是"需要改进"时，数据由部门主任审批，审批改进是否可行。方案可行后，如果使用的是"工厂处理"方式，则需要填写"实施完成时间"；如果使用的是"信息处理"方式，则将数据转交至信息部，如图 3-178 所示。

图 3-178 方案可行

信息部确认方案是否可行，如果方案可行，则填写"是否可明确实施计划"，当还未有明确实施计划，即选择"否"选项时，单击"延期"按钮，数据进入延期节点，如图 3-179 所示。

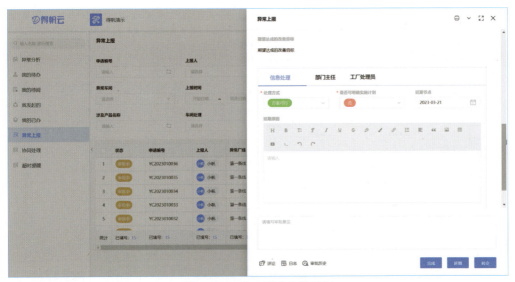

图 3-179　未有明确实施计划

5）转交其他科室

当部门主任处理完成，且数据流转至信息部时，当前处理人可以选择转交其他科室处理异常。如果"处理方式"为"转交其他科室"，则必须选择对应科室，否则按钮无效，如图 3-180 所示。

图 3-180　转交其他科室[①]

6）满意评价

异常处理完成后，班长需要对处理结果进行评价，单击"满意"按钮，即满意当前处理结果，

① 图 3-180 中，"其它"的正确写法应为"其他"，后文同。

如图 3-181 所示，状态标记为"已完成"。

图 3-181　满意评价

7）不满意评价

异常处理完成后，班长需要对处理结果进行评价，单击"不满意"按钮，即不满意当前处理结果，异常数据重新进入审批流程。

4. 数据流程路径

经配置后，异常和需求审批流程配置如图 3-182 所示。

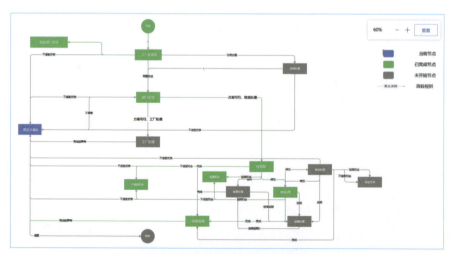

图 3-182　异常和需求审批流程

5. 定时触发

定时触发可以提醒处理人员及时处理异常，避免因为异常导致的一系列问题，定时触发配置如图 3-183 所示。

图 3-183　定时触发配置

- 如果工厂处理员超过 120 个小时未处理异常数据，则自动触发消息提醒，提醒部门主任。
- 如果部门主任超过 72 个小时未处理异常数据，则自动触发消息提醒，提醒工厂总部部长。
- 如果信息部科长超过 120 个小时未处理异常数据，则自动触发消息提醒，提醒信息部部长。
- 如果信息部科长超过 192 个小时未处理异常数据，则自动触发消息提醒，提醒总工程师。
- 如果目前超过实施日期 14 天仍未完成实施，则自动触发消息提醒，提醒工厂总部部长。
- 如果目前超过实施日期 17 天仍未完成实施，则自动触发消息提醒，提醒总工程师。

消息提醒样式如图 3-184 所示。

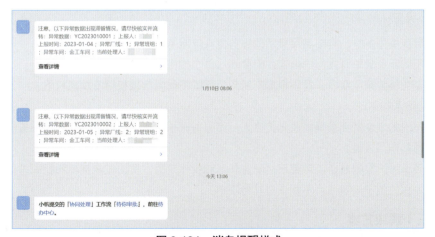

图 3-184　消息提醒样式

（五）项目总结

通过得帆云 DeCod 低代码平台配置审批流程，企业在各流程中增加数据筛选权限，使数据按照业务规则进行流转，也为以后的流程变更提供便利。通过得帆云 DeCod 低代码平台配置多种定时触发，做到有异常及时处理，建立超时提级管理制度。通过得帆云 DeCod 低代码平台的角色管理功能，可以在组织层级关系维护不明确的情况下，通过参数化角色实现提级管理。

异常报告和需求全流程落实到得帆云 DeCod 低代码平台上后，企业可以进行生产异常和需求的规范化管理，做到及时分析、快速响应、规范处理、过程留痕，从而保障企业正常生产运营。

五、行政部门：制造企业共享服务中心

（一）场景背景

共享服务中心是一种创新手段，通过对人员、技术和流程的有效整合，实现组织内公共流程的标准化和精简化。企业建设共享服务中心的目标往往是实现服务数据化、数据结构化、结构智能化。

企业开发共享服务平台时需要把握好服务数量、服务质量、服务均衡和服务方式 4 个维度，加快推进不同层次、不同业务、不同领域内服务平台的融合，才能增强员工对所提供服务的依赖度和满意度。

（二）业务难点

某国有大型制造企业的共享服务中心包含财务管理、人力资源管理、信息服务、后勤综合服务、物料管理、客户服务等多项服务。在建设共享服务中心的过程中，遇到了技术上和业务上的难点。

技术难点如下。

- 服务类型多样，需要满足灵活的服务目录及服务等级配置。
- 不同服务表单有相似的内容，需要满足单个数据模型的多表单利用。
- 企业员工角色众多，需要根据不同角色配置不同的数据权限及功能权限。

业务难点如下。

- 不同的消息需要准确地通知负责人，如服务订单实时通知订单负责人，服务信息实时通知申请人员。
- 表单人员数据繁多，需要严格配置展示和操作范围，员工只能查看和处理与自己的工作相关的子表表单，不能查看其他表单。

（三）解决方案

共享服务中心功能架构如图 3-185 所示。

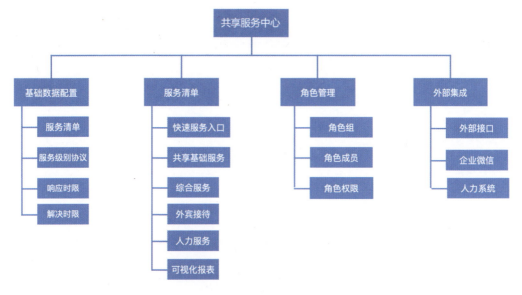

图 3-185　共享服务中心功能架构

技术难点的解决方案如下。

● 建设可以灵活配置服务分类的服务目录。

● 通过得帆云 DeCod 低代码平台的数据模型功能，根据不同的业务需求建立共享的数据模型及业务需求的数据模型。

● 通过得帆云 DeCod 低代码平台的权限管理功能，建立不同角色来添加不同权限。

● 根据得帆云 DeCod 低代码平台业务规则中的公式规则，设置表单子表信息的展示规则。

业务难点的解决方案如下。

● 得帆云消息中心集成企业微信，实时发送审批信息及服务响应情况。

● 根据不同的职能划分不同的角色组，为不同的服务目录配置不同的负责人。

（四）关键功能

1. 配置服务清单及服务级别协议

1）服务表单设计

根据不同服务级别，配置不同服务项逾期时间，并且对服务项进行分类。同时，根据共享服务中心的 4 个服务级别，配置 56 个服务项的逾期时间，如图 3-186 所示。

2）列表设计

通过树形图及普通列表等不同列表形式，展示服务分类及详情。树形图展示不同服务分类下的服务项及相关信息，如图 3-187 所示。普通列表展示服务目录，如图 3-188 所示。

图 3-186　服务表单设计

图 3-187　树形图

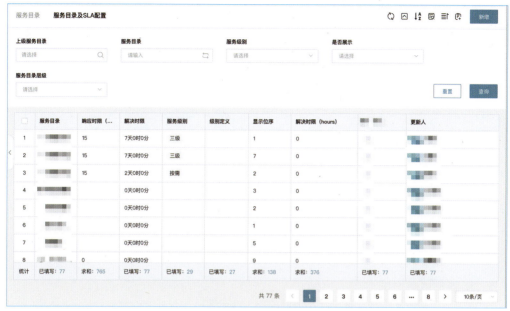

图 3-188 普通列表

2. 设定共享数据模型及业务模型

根据业务需求设定基础共享数据模型及业务模型，共享基础数据模型包括工单信息、基本信息、评价信息、委派信息，如图 3-189 所示。

图 3-189 基础共享数据模型

此外，我们根据业务需求，建立除 4 个基本共享数据模型外的 126 个业务数据模型，如图 3-190 所示。

图 3-190 业务数据模型

3. 逾期服务时间计算

根据不同的服务协议计算不同的逾期时间。计算方式为查询不同服务要求的时间后，对提交时间及逾期时间进行计算，计算结果精确到秒，"计算响应逾期时间"节点配置如图 3-191 所示，并配置逾期后的操作提示，可以选择终止服务、发送提醒等措施，"计算响应逾期时间"节点操作提示配置如图 3-192 所示。

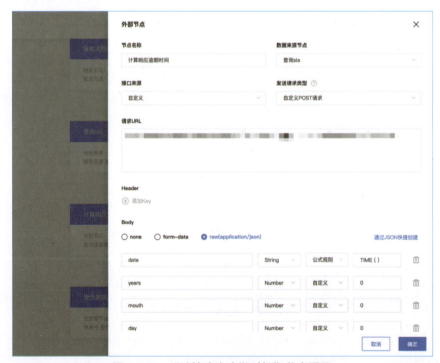

图 3-191 "计算响应逾期时间"节点配置

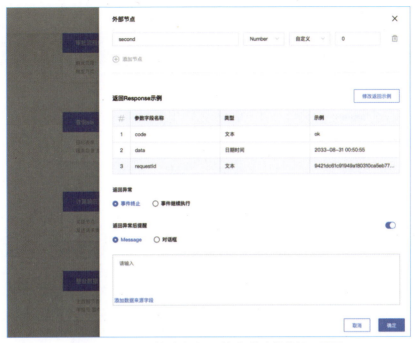

图 3-192　"计算响应逾期时间"节点操作提示配置

4. 消息提醒

当服务办理逾期时触发消息提醒，提醒服务办理责任人。在服务订单待审批或审批通过后，实时通过企业微信通知申请人或办理人，如图 3-193 所示。

图 3-193　消息提醒

提醒申请人服务办理的结果如图 3-194 所示。

图 3-194　提醒申请人服务办理的结果

提醒内容可以根据表单内的信息进行配置，如图 3-195 所示。

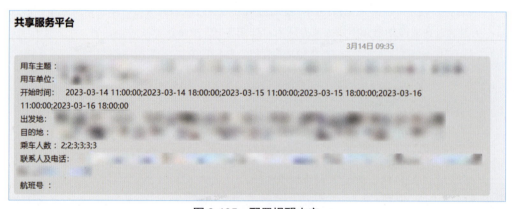

图 3-195　配置提醒内容

5. 配置子表数据展示对象

为不同的用户展示不同的子表数据。配置方式为在业务规则中设置高级业务规则，利用公式规则判断当前登录用户是否为当前子表的任务执行人，当用户为任务执行人时才可以看到当前子表数据，如图 3-196 所示。

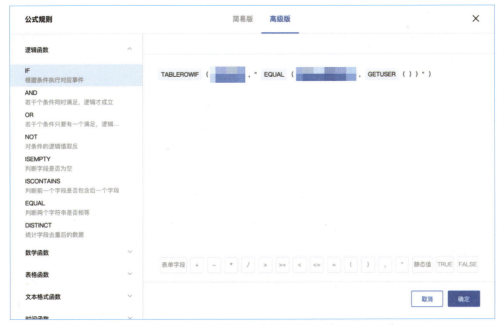

图 3-196　配置子表数据展示对象

6. 权限设置

企业员工部门架构都非常复杂，我们为不同的角色配置不同的数据权限及功能权限，如图 3-197 所示。例如系统管理员可以查看所有数据，并使用所有功能；其他用户根据其所在的部门等条件拥有不同的操作权限。此外，每张服务表单也要根据使用人员设定多个权限组合。

图 3-197　为不同的角色配置不同的数据权限及功能权限

（五）项目总结

共享服务中心具有集中服务、提高效率、降低综合运营成本的特性。共享服务中心成为帮助企业持续提升运营效能，进而降低总体运营成本的抓手。

该企业成功利用得帆云 DeCod 低代码平台建设共享服务平台后，已实现财务、人力、后勤等业务及服务的综合管理，规范了标准服务处理流程，提高了服务办理效率，提高了员工服务满意度，提升了员工幸福指数。未来，通过共享服务中心，企业将持续优化服务，释放组织活力。

第四节　汽车制造

一、人事部门：汽车企业员工培训体系

（一）场景背景

随着企业的不断发展，很多企业缺乏与企业发展战略相匹配的员工管理体系。员工管理部门仍将大部分精力放在传统的人事管理工作上，没有掌握现代员工管理理论和管理方法。

现代员工管理应当注重员工内部培养，员工培训活动就是很好的管理方式。企业可以定期举办员工培训活动，培训内容可以从企业发展战略、团队凝聚力和提升员工技能等方面入手。

（二）业务难点

某大型汽车企业员工众多，员工培训项目、类型多种多样，难以进行有效的管理。其中，主要面临以下四大难点。

- 培训内容复杂，涉及众多问卷和课程，数据量过大。
- 企业员工众多，培训问卷发放的权限较难合理管控。
- 人工记录费时费力，无法满足实际需要。
- 缺乏培训效果评估和培训成果整理归档等环节。

（三）解决方案

员工培训管理系统在人力资源框架中起着重要作用，在图 3-198 和图 3-199 两个案例中也能体现。

图 3-198 员工培训管理在人力资源服务平台中的作用

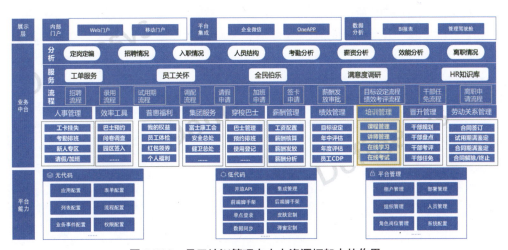

图 3-199 员工培训管理在人力资源框架中的作用

基于人力资源系统，我们使用得帆云 DeCod 低代码平台构建企业员工培训管理系统，专注于企业培训项目、问卷调查、培训测试的综合管理。系统共 20 个功能页面、14 个数据模型，开发周期大幅度缩短，快速响应企业业务调整。

（四）关键功能

1. 功能培训系统子菜单设置功能

根据员工培训系统的需求，设计多级子菜单，如图 3-200 所示，满足以下功能。

- 通过配置化方式实现对子菜单样式及图标的设置。
- 通过配置化方式实现对子菜单的控制。

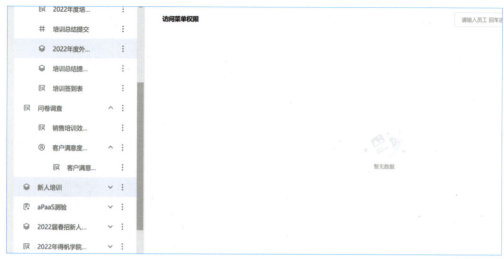

图 3-200 多级子菜单

配置效果如图 3-201 所示。

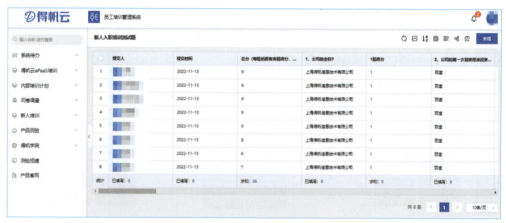

图 3-201 配置效果

具体配置方式如下。

- 表单配置：如图 3-202 所示，基于企业开发规范设计组件，通过平台添加组件，根据字段绑定相关组件，同时配置字段的必填、只读、隐藏等规则，满足问卷在不同状态下的字段的要求。
- 列表设置：如图 3-203 所示，配置统一的列表展示页面，既满足对查询条件及查询结果的标准化定义，又满足根据不同角色的最终用户对页面进行个性化调整的需求。

图 3-202　表单配置

图 3-203　列表设置

● 权限配置：如图 3-204 所示，基于员工培训系统的权限管控，满足不同字段级访问权限配置和数据权限配置的需求，针对不同场景支持权限穿透和权限合并。

图 3-204　权限配置

2. 新人入职培训测试题功能

新人入职培训测试题计算总得分的公式规则配置如图 3-205 所示，根据提交人员信息、填空题和选择题答题情况，保障答题之后，满足以下功能。

- 通过配置化方式实现每一题答完之后自动计算当前题目得分。
- 通过配置化方式实现所有测试题答完后自动计算总得分。

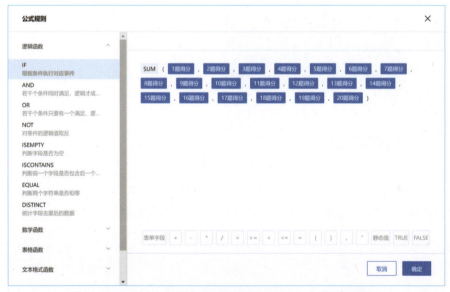

图 3-205　新人入职培训测试题计算总得分的公式规则配置

配置效果如图 3-206 所示。

图 3-206　配置效果

具体配置方式如下。

● 公式规则配置：如图 3-207 所示，对公式规则进行配置，实现多选题自动判断是否正确，少选、错选、多选不得分。

图 3-207　多选题公式规则配置

● 移动端自动生成：如图 3-208 所示，在 PC 端对组件进行拖曳，以及对相关组件进行配置，移动端会适配手机页面大小，自动生成适合的页面。

图 3-208　移动端自动生成

- 页面设置功能：如图 3-209 所示，可以通过页面设置功能对员工培训系统进行包括权限、业务规则，以及数据的导入、导出进行设置。

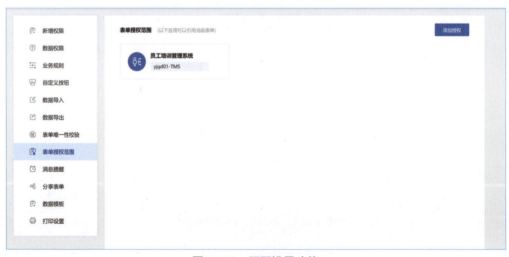

图 3-209　页面设置功能

配置效果如图 3-210 所示，可以看到，系统能非常直观地显示员工答题分数。

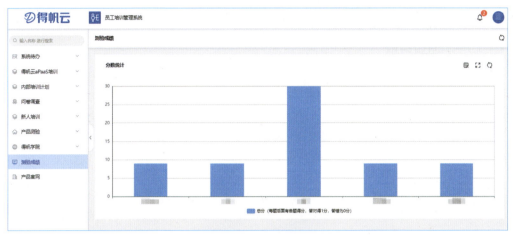

图 3-210   配置效果

如图 3-211 所示，培训系统可以链接产品官网，以便新人参加培训测试。

图 3-211   培训系统链接产品官网

（五）项目总结

员工培训管理是一项复杂的系统工程，在安排员工培训时应当统筹兼顾各个方面，保障培训安排合理、培训反馈及时。

得帆云企业员工培训管理系统可以有效协助企业 HR 管理培训资源、制订并实施培训计划、做好培训评估和统计工作，帮助员工最大限度开发自己的潜能，满足企业发展的人才需要。

二、行政部门：汽车企业内部消息提醒机制

（一）场景背景

信息化是企业发展扩张的基础。企业信息化建设往往是从日常办公开始的。比如，在企业的日常工作中，经常会遇到需要发送邮件、短信来下达通知或提醒相关人员处理事项的情况。不少企业管理人员表示，传统的旧邮件系统很难满足员工日常办公需求。

邮件是企业信息流通的重要渠道，也是企业信息化建设的基础。因此，企业在构建应用系统时，一般都会要求系统可以自动进行邮件等消息的发送。

（二）业务难点

某全球顶级汽车企业员工人数众多，内部沟通主要通过邮件的形式，目前消息提醒机制主要有但不限于以下问题。

- 邮件提醒内容有时需要手动输入，费时费力。
- 企业人员架构复杂，提醒对象选择不准确。
- 内部审批流程节点多，消息提醒方式不统一。
- 审批单据增多，提醒内容无法自动区分。

（三）解决方案

基于得帆云 DeCod 低代码平台搭建消息提醒机制，可以根据需求自定义配置消息提醒方式、提醒内容、提醒类型，准确选择提醒对象，灵活实现多种业务下的多种消息提醒。

（四）关键功能

1. 消息提醒配置入口

消息提醒的配置方式共有3种，分别为通过流程节点按钮操作后触发消息提醒、通过在"页面设置"页面中配置"消息提醒"功能触发消息提醒和通过流程节点触发消息提醒。

1）通过流程节点按钮操作后触发消息提醒

在"流程设计"页面中，单击某个具体的流程节点，选择右侧的"触发事件"选项，打开"触发事件"选项卡，选择"按钮触发消息提醒"选项，如图 3-212 所示。

2）通过在"页面设置"页面中配置"消息提醒"功能触发消息提醒

在"页面设置"页面中选择"消息提醒"选项，单击"添加提醒"按钮，弹出"消息提醒"表单，在表单中即可进行配置，如图 3-213 所示。

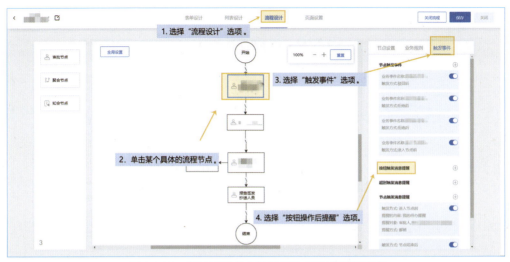

图 3-212　通过流程节点按钮操作后触发消息提醒

图 3-213　通过在"页面设置"页面中配置"消息提醒"功能触发消息提醒

3）通过流程节点触发消息提醒

在"流程设计"页面中，单击某个具体的流程节点，选择右侧的"触发事件"选项，打开"触发事件"选项卡，选择"节点触发消息提醒"选项，如图 3-214 所示。

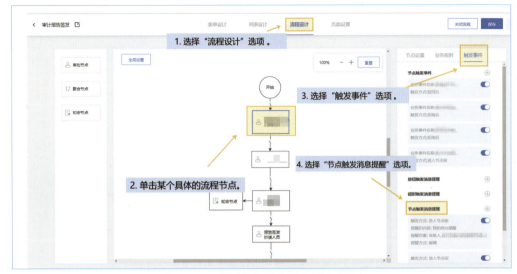

图 3-214　通过流程节点触发消息提醒

2. 消息提醒配置内容

消息提醒的配置内容包括数据提醒范围、提醒类型、提醒对象、提醒内容和邮件模板。

1）数据提醒范围

数据提醒范围用于控制邮件的发送条件，只有当数据满足筛选规则时，才能触发邮件消息提醒，如图 3-215 所示。

图 3-215　数据提醒范围

2）提醒类型

提醒类型用于控制邮件提醒的触发点，提醒类型共有 4 种，分别为"表单提交后提醒"、

"表单保存后提醒"、"表单删除后提醒"和"字段数据变更后提醒",如图 3-216 所示。

图 3-216　提醒类型

3）提醒对象

提醒对象即邮件的收件人,系统支持灵活选择多种收件人,包括指定人员、创建人、角色、表单人员等,如图 3-217 所示。

图 3-217　提醒对象

4）提醒内容

提醒内容即邮件正文的内容,如图 3-218 所示。

图 3-218　提醒内容

5）邮件模板（富文本）

在发送邮件提醒前，可以预先配置邮件模板，设置邮件内容和样式，包括表格、图片、文字样式等，并支持上传附件，如图 3-219 所示。

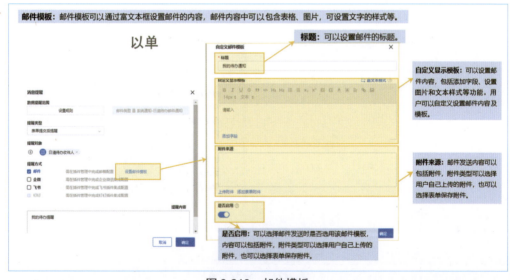

图 3-219　邮件模板

邮件模板的配置模式有两种，分别为富文本模式和源码编辑模式。两种模式都可以自定义邮件内容，富文本模式支持添加字段、设置图片和文本样式。如果富文本模式无法满足要求，用户可以通过源码编辑模式，即自开发方式实现，如图 3-220 所示。

图 3-220　自定义显示模板

6）邮件模板（自定义）

通过源码编辑模式配置邮件内容时，首先填写邮件内容并查找对应源码，如图 3-221 和图 3-222 所示。然后获取邮件内容源码，如图 3-223 所示，在源码中修改字体样式等代码，如图 3-224 所示。最后将富文本模式内容修改为源码模式，如图 3-225 所示。

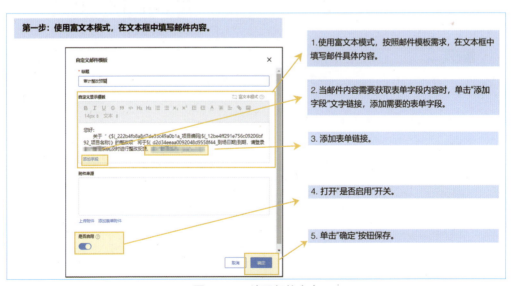

图 3-221　填写邮件内容

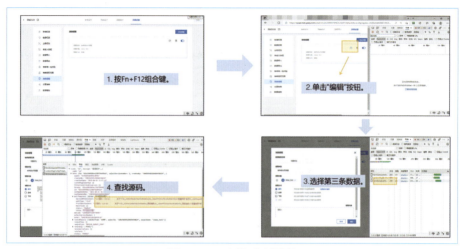

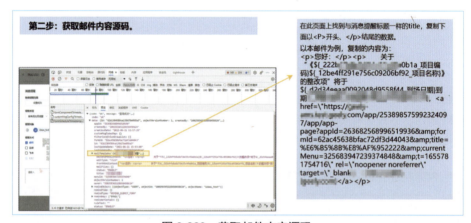

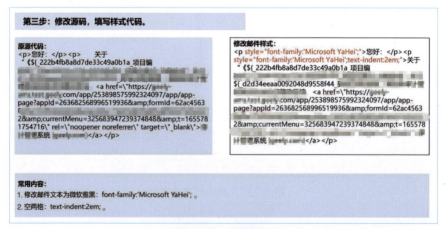

图 3-222　查找对应源码

图 3-223　获取邮件内容源码

图 3-224　修改源码

图 3-225　将富文本模式内容修改为源码模式

3. 常见配置场景示例

接下来，我们以两个配置场景为例，展示如何配置邮件提醒。

1）子表人员消息提醒

有些邮件不仅需要提醒主表中的相关人员，还需要提醒子表中的相关人员。由于一般提醒人员无法直接选择子表的人员，因此需要通过公式规则和业务分类来获取子表人员的信息。配置方式如下。

第一步，配置两个组件，如图 3-226 所示。

图 3-226　配置两个组件

第二步，创建业务事件和更新节点，如图 3-227 所示。

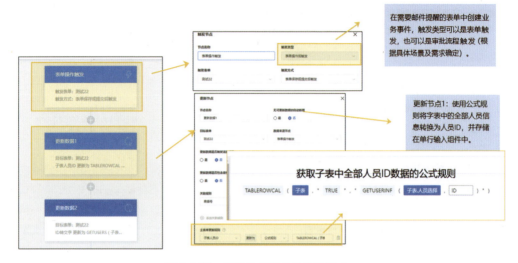

图 3-227　创建业务事件和更新节点

第三步，再创建一个更新节点，如图 3-228 所示。

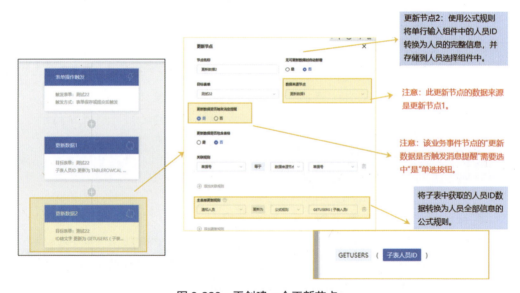

图 3-228　再创建一个更新节点

最后设置消息提醒，如图 3-229 所示。

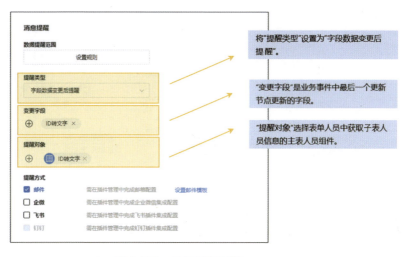

图 3-229　设置消息提醒

2）待办提醒

在审批节点同意或驳回申请后，也需要配置邮件消息提醒。由于富文本模式无法满足此类提醒内容样式要求，因此我们通过源码编辑模式进行配置。

审批节点同意申请后的消息提醒配置如下。

首先，在"流程设计"页面中配置审批节点同意申请后触发提醒，如图 3-230 所示。

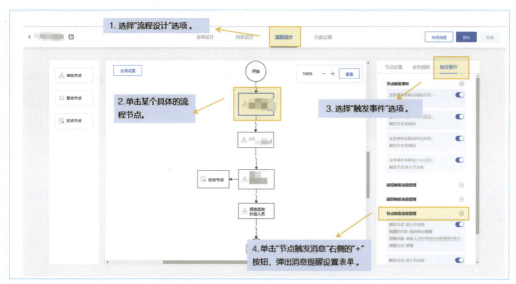

图 3-230　配置节点同意后触发提醒

然后，配置开始节点和其他节点，如图 3-231 所示。

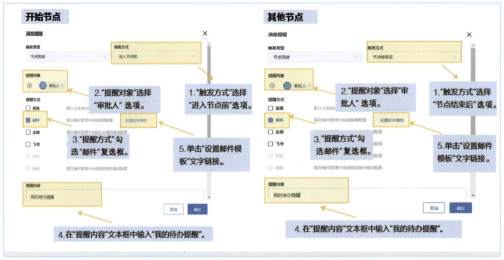

图 3-231　开始节点和其他节点的配置方式

最后，配置审批节点同意申请后的操作步骤，采用自定义配置的方式，如图 3-232 所示。

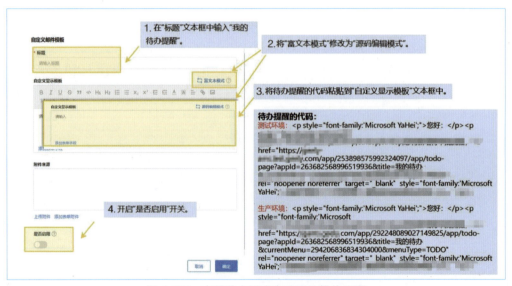

图 3-232　审批节点同意申请后的操作步骤

审批节点驳回申请后的消息提醒配置如下。

首先，在"流程设计"页面中配置审批节点驳回申请后触发提醒，如图 3-233 所示。

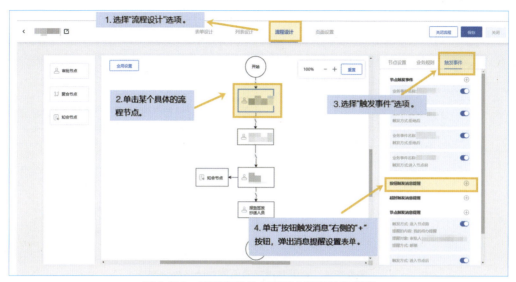

图 3-233　配置审批节点驳回申请后触发提醒

然后，配置该节点的消息提醒方式，如图 3-234 所示。

图 3-234　消息提醒配置

最后，配置审批节点驳回申请后的操作步骤，采用自定义配置的方式，如图 3-235 所示。

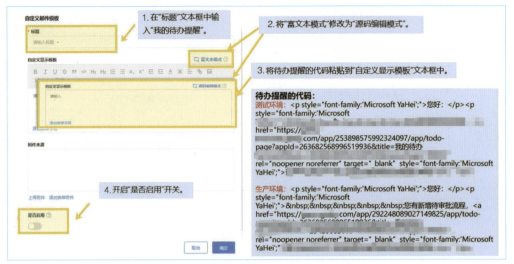

图 3-235　审批节点驳回申请后的操作步骤

（五）项目总结

在配置消息提醒机制后，该企业内部的消息提醒更准确、更灵活，各部门、各项目的员工沟通也更加顺畅、及时。

我们灵活配置并组合得帆云 DeCod 低代码平台各个模块的功能，可以契合企业各种办公需求，提高办公效率，优化办公流程，实现高效协同办公，也为企业信息化建设打好基础。

三、人事部门：汽车企业员工入职管理

（一）场景背景

新员工是企业的重要资产。员工入职作为员工和企业融合的第一步，在新员工融合过程中起着非常重要的作用。因此，在员工入职过程中，企业 HR 应当极力优化入职流程，给新员工留下良好的第一印象。

（二）业务难点

某大型汽车企业，每日都有大量新员工入职，在员工入职时往往会产生很多问题。

- 新员工办理入职手续时要填写大量纸质文件，文件众多、过程烦琐，容易使新员工产生抵触和反感情绪。
- 入职事项多，员工无法及时了解入职进展，也很难询问清楚相关问题。
- 新员工入职流程要经过各个部门审批，耗时长，且必须手动发起，容易遗漏。
- 纸质文件成本高，且需要 HR 手动统计新员工信息并存档，耗时耗力。

- 在某些特殊情况下，新员工无法到达公司办理入职，容易造成人才流失。

（二）解决方案

HR 期望通过入职管理系统实现以下目标。

- 打通各部门、各科室之间的信息、流程壁垒，整体业务信息化，实现业务高效率流转。
- 最大程度实现入职流程的线上化，减少纸质单据和手工操作。
- 系统自动提醒入职流程关键节点和事项，HR 可以随时查阅和审批。
- 在总部代招聘等情况下可以远程入职，避免新员工无法入职导致其他事项延误。
  新入职员工的期望如下。
- 减少办理入职手续的时间，并能及时准确获得相关办理指引。
- 入职相关疑问能得到及时解答，减少问询消耗时间。
- 入职后待办流程自动生成，无须在系统中提出申请。

入职管理流程如图 3-236 所示，我们基于得帆云 DeCod 低代码平台搭建入职管理系统，将入职通知、入职信息填写、入职审批等业务进行归纳整理，规范各个环节的内容及范围，节省人力成本，实现入职全流程监控管理。

图 3-236　入职管理流程

（四）关键功能

1. 入职通知

员工收到 Offer 并确认入职后，系统将自动发送入职通知邮件，提醒员工入职时间和必须携带的材料，入职邮件模板如图 3-237 所示。

图 3-237 入职邮件模板

2. 员工填写入职信息并实时跟踪进度

"新入职员工信息登记"表单链接可以附在入职通知邮件中，员工收到入职通知邮件后，就能提前填写"新入职员工信息登记"表单。

"新入职员工信息登记"表单的生成方式如下。

- HR 将需要员工填写的信息进行分类，员工可以分类填写，便于 HR 审核。
- HR 单击"分享"按钮，生成分享的二维码和链接，新员工可以打开链接快速填写、提交信息，如图 3-238 所示。
- 员工填写完成后，通过业务事件生成自定义登录地址，并向员工发送短信和邮件，如图 3-239 所示。员工可以通过短信和邮件中的链接自行登录查看入职进度，如图 3-240 所示。

图 3-238　分享"新入职员工信息登记"表单

图 3-239　通过业务事件生成自定义登录地址

图 3-240　员工自行登录查看入职进度

3. 系统自动完成入职操作和其他事项

"新入职员工信息登记"表单审批通过后,系统自动操作入职,调用第三方电子签章接口,生成电子版劳动合同,如图 3-241 所示。

图 3-241　生成电子版劳动合同

在入职当天，系统定时自动发起工卡申办等申请，员工到岗时就能快速开通各项权限，如图 3-242 所示。

图 3-242　系统定时自动发起工卡申办等申请

（五）项目总结

得帆云入职管理系统将企业原来分散到线下的与入职相关的业务统一聚焦管理，将原来零散的管理内容规范化、线上化。

目前，企业入职流程已实现 100% 线上管理，解决了企业 HR 处理入职手续过程中的烦琐需求，提高了 HR 的工作效率和企业的人才留存率。

四、生产部门：汽车企业工厂一线设备信息化管理

（一）场景背景

某汽车企业是世界传感器和控制器设计与制造领域的领导者。随着企业工厂、实验室、仓库的增多，依靠人工的设备管理模式弊端日益凸显。公司管理部门意识到，应尽快实现设备全生命周期的信息化管理，将现有的人工管理模式转化为高效、科学的数字化管理模式。

（二）业务难点

该公司目前的设备管理和巡检工作非常混乱。

- 一线工人用纸质单据记录巡检相关内容，效率低，错漏多。
- 缺乏有效的设备管理手段，设备管理混乱。
- 信息不同步，故障不及时维修，维修情况无记录。
- 数据统计、汇总耗时耗力，不利于查找和追溯。

（三）解决方案

得帆云设备管理系统贯穿设备从购入到报废的全流程，帮助管理员高效管理所有设备，并为上级领导提供审核监督的管理平台。

- 通过获取设备生产等各项信息，减少人工采集操作，提高信息的准确性、实时性。
- 对设备运行进行有效管理和监督，延长设备的使用寿命。
- 现场生产信息通过可视化看板展现，实现数据共享，提高各部门协同能力。
- 规范基础信息，为深层次的管理提供保障，为资产管理决策提供有力支撑。

落实到具体使用上，得帆云设备管理系统能规范设备基础信息和工作流程，提高信息的准确性和工作的高效性，具体可以做到以下几点。

- 系统管理维保工单，高效且可追溯。
- 资产管理，设备数据清晰，易盘点规划。
- 智能数采，智能处理展示，智能预测。
- 移动应用，点检、维保，便于记录，方便快捷。

（四）关键功能

得帆云设备管理系统的重点功能如下。

1. 设备管理

设备的完整信息统计是设备管理的基础。"设备管理"页面详细记录设备的基本信息，如制造日期、检测日期、责任人，以及日常的台账信息等。

为保证信息的正确性、统一性和权威性，设备信息统一编制，信息部指定系统管理员统一输入、编号并分类，"设备管理"表单如图 3-243 所示。

2. 设备检查管理

1）检查标准维护

设备检查可以分为两类，一类是点检和巡检，另一类是常规月度检查。点检是按照一定标准、一定周期对设备规定的部位进行检查。巡检是在产品生产、制造过程中进行的定期或随机流动性检验。除了点检和巡检，企业也同步进行月度检查，以保障设备的安全和平稳运行。

图 3-243　"设备管理"表单

"点检标准项维护"和"月度检查标准维护"模块可以有效改善检查不规范的问题。管理员可以为不同设备设置不同的检查方案。检验人员只需要对照检验规划和检查标准，即可对设备进行检查，不会出现漏检、错检的情况。电梯的月度检查标准维护内容如图 3-244 所示。

图 3-244　电梯的月度检查标准维护内容

2）检查执行

"设备点检""设备月度检查"模块可以有效改善检查落实不到位的问题。如图3-245所示，我们在每张"设备点检"表单内设置了"点检日期""点检结果""问题描述"等字段，检验人员完成检验后都需要填写表单。表单提交后自动上传，企业管理人员能及时掌握一手设备信息。

图 3-245　"设备点检"表单

3. 设备维修管理

过去，设备发生故障时，需要联系相关负责人指派员工维修并验收，花费很多时间。现在发现设备异常时，工人可以直接在系统内发起维修流程，负责人立即指派员工维修并验收，并将维修详情记录在"设备维修"表单中，如图3-246所示中。负责人实时监控设备状态，维修记录可溯源，报修和维修效率大大提高。

图 3-246　"设备维修"表单

4. 设备维保管理

设备在使用过程中会不可避免地出现损耗及故障，为了延长设备使用寿命，避免生产事故的发生，我们设计了"设备维保"模块，并在"设备维保"表单中增加"维保日期""维保级别"等字段，如图 3-247 所示。

图 3-247 "设备维保"表单

系统根据"维保日期"字段自动提醒作业人员执行维保任务，维保情况同步更新，管理人员一目了然。

5. 设备备品备件管理

如图 3-248 所示，在"设备备品备件管理"表单中详细记录备品备件信息，实时掌握备品备件的流向，精确跟踪备品备件的领用、退回、调拨、旧件返厂等全流程，实现备品备件安全库存实时管理。

图 3-248 "设备备品备件管理"表单

6. 统计分析

在"设备管理统计"和"设备技术状况"模块中，系统能够统计设备完好率、故障率、待修率等信息，进一步进行数据汇总和分析，生产各类统计分析报表，使管理人员掌握一线工作情况。实现设备数据实时共享，提高各部门协同能力和工作效率，"设备管理统计"报表如图 3-249 所示，"设备技术状况"表单如图 3-250 所示。

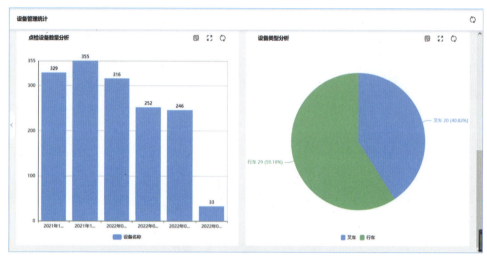

图 3-249 　"设备管理统计"报表

图 3-250 　"设备技术状况"表单

（五）项目总结

在大部分传统生产制造企业的数字化转型过程中，一套运用成熟、功能完善的信息系统可以提供不少助力。

得帆云设备管理系统适用于各类工厂、实验室、企事业单位，可以帮助企业高效完成设备台账、设备点检、设备巡检、设备保养、设备维修、设备调拨、设备借出、设备归还、备品备件更新、设备报废等日常管理工作，科学、有效地分析和统计设备综合效率，继而对设备全生命周期进行跟踪管理，助力企业提高设备运行效率，从而提高整体生产效率。

五、生产部门：汽车企业设备资产申领和盘存的数字化管理

（一）场景背景

某知名的汽车制造企业拥有自研汽车品牌和全球研发中心，以数字化、信息化、自动化为基础，平台化、轻量化、精益化为抓手，集成大数据、云计算、人工智能、物联网技术，实现高质量、柔性制造，满足客户个性化定制需求。近几年涉足新能源动力领域，成功打造了自己的新能源汽车品牌。

随着企业的发展，企业的实体资产数量和员工人数快速增加，设备资产的线上化管理转型更加迫切，需要全面实现设备资产的线上管理和无纸化办公诉求。

（二）业务难点

- 虽然企业目前拥有线上设备资产申请系统，但是流程复杂，操作烦琐，使用成本高。
- 申请业务变更时，需要适配新的申请流程，但旧系统改造成本高。
- 仓库设备仍然需要大量线下盘点，无线上系统统一管理，盘存历史依靠纸质文档保存，记录追溯困难。

（三）解决方案

该企业基于得帆云 DeCod 低代码平台搭建新的设备资产管理系统，以便留存资产盘存台账和历史盘存记录。系统打通线上申请、设备出库、设备归还、设备维修等资产盘存全流程，降低库房盘存难度，缩短盘存周期，实现无纸化办公。

1. 线上设备申领

- 根据不同申请类型，进行差异化信息填写和差异化流程审批。
- 相关权限用户可以代申请或预申请。

2. 设备出库

- 设备申领申请通过后，申请人可以直接前往库房领取。库房管理员扫码出库，完成设备绑定。
- 申请人可以同步查看自己申请的设备资产台账。

3. 设备归还

- 申领人或代还人将设备归还至仓库，库房管理员扫码归还，归还后解除设备绑定。
- 申领人设备清单同步解绑。

4. 设备维修

- 申请人提交设备维修申请，申请通过后进行维修。
- 线上及时更新维修进度，维修完成后提醒申请人。

5. 资产盘存

- 仓库管理员可以定期一键盘存。
- 领用设备会交由申领人进行盘存确认。
- 线下设备由仓库管理员线下扫码盘存。
- 保存盘存历史。

设备资产管理业务基本流程如图 3-251 所示。仓库管理员维护初始库房资产台账，公司员工根据需求填写设备申请表，系统根据用户申请设备的类型进入对应的审批流程，相关负责人进行审批，审批完成后由仓库管理员维护出库信息。使用完设备或到使用期限后归还设备。使用期间设备发生故障可以进行维修。

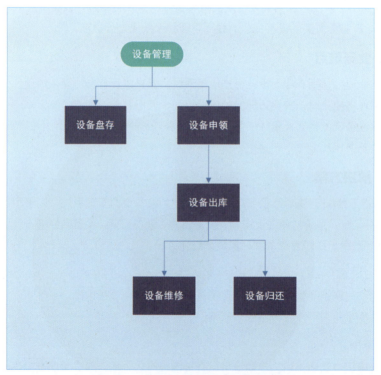

图 3-251 设备资产管理业务基本流程

仓库管理员还将定期对设备资产进行维护盘存，确认各个设备的状态，同时对待报废的设备进行报废处理。

设备资产管理线上模块打通后，企业的盘存工作效率可以提高 40%，与传统开发相比，改造工作量减少 50% 以上。

（四）关键功能

1. 设备申领

如图 3-252 所示，设备申领主要是进行对应设备的领用。

- 员工发起设备申领的申请后，选择申请类型，系统根据员工选择的申请类型展示对应的字段信息。
- 设备申领的申请可实现多人多设备的申请，员工填写确认后进入对应的审批流程。
- 审批人只能审批自己部门下的申请，审批完成后，申领人可以前往仓库领取对应的设备。

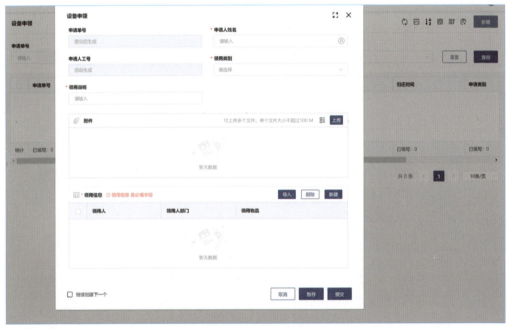

图 3-252　设备申领

2. 设备出库

如图 3-253 所示，在设备申领的申请通过后，仓库管理员查看用户填写的申领信息，选择对应的设备进行出库操作，并维护到申领表中，同时完成设备绑定。

- 申请通过后，申领人可以前往仓库领取对应设备，仓库管理员在系统中确认申请流程及申请清单。
- 仓库员根据申请清单提供对应的设备，并通过扫码的方式维护申领人申请的设备编码。
- 系统根据设备编码自动维护设备序列号、设备类型信息至申请单中，以实现设备与申领人信息的绑定。

- 绑定后，对应申领人的设备资产台账会同步该设备的信息，方便申领人日后维修和归还。

图 3-253　设备出库

3. 设备归还

如图 3-254 所示，到使用期限后，员工需要归还申请的设备，员工离职前也需要归还设备。

- 员工需要提交设备归还申请，选择自己需要归还的设备编码，系统自动带出对应的设备序列号和设备类型信息。

- 除了归还自己申领的设备，员工也可以帮助其他员工归还申领的设备。例如离职人员可以由其他同事或部门领导代为归还，申请人选择对应的申领人后，可以选择该申领人下的所有未归还的设备进行归还操作。

- 申请通过后，申请人需要将对应的设备移交至仓库进行入库确认。
- 仓库管理员根据申请清单依次确认，申请清单确认后维护申请状态，完成设备归还。

图 3-254　设备归还

4. 设备维修

当使用的设备发生故障时，设备使用人可以提交设备维修申请。申请通过后，维修人员对设备进行维修并更新对应的维修进度。"IT 设备维修申请"表单如图 3-255 所示。

- 设备使用人需要先选择发生故障的设备，并填写设备故障基础信息，供维修人员判断。
- 申请通过后将设备转交给维修人员，维修人员会更新对应的维修进度。

- 维修消息提醒：设备维修完成后，维修人员需要将维修状态更改为"已完成"，系统会根据设备维修状态的变化，自动向申请人发送维修消息提醒，如图 3-256 所示，申请人可以前往维修处提取自己的设备。
- 申请人确认自己设备完成维修后关闭对应的申请流程。
- 对于无法修复的设备，维护人员需要说明情况，供仓库管理员进行报废操作。

图 3-255　"IT 设备维修申请"表单

图 3-256　维修消息提醒

5. 资产盘存

如图 3-257 所示，资产盘存主要对设备的状态进行盘点，包括在库、借出和报废的设备。

- 仓库管理员可以单击"盘存"按钮进行一键盘存，所有设备的状态变为"待盘存"。
- 借出的设备需要对应的申请人确认设备信息，包括盘存日期、设备状态等，维护好后，设备的状态更新为"已盘存"。
- 在库的设备需要仓库管理员扫码确认，确认完后，设备的状态更新为"已盘存"。
- 在盘存的过程中，如果发现设备符合待报废条件，则可以进行待报废处理，统一进入待报废台账。
- 对于误操作的报废设备或再次排查后不符合报废条件的设备，可以进行设备还原处理，重新回归库房资产台账。

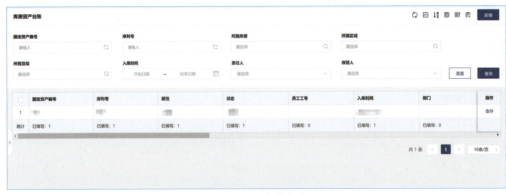

图 3-257　资产盘存

（五）项目总结

得帆云设备资产管理系统主要帮助企业实现了库房设备资产的数字化管理，打通设备资产管理全流程；方便仓库管理员快速查找在库设备资产，降低库房盘存难度，提高设备资产盘存效率；实现设备资产流程信息可视化，报废数据可追溯。

资产申请系统也帮助企业加强事先管控，节省设备资产管理支出，确保设备资产保值增值；保障设备稳定运行，公司生产、研发等业务持续有效进行，提高企业运营效率。

六、人事部门：汽车企业人力资源数智化综合管理

（一）场景背景

某大型汽车企业员工人数众多，人员综合管理事务工作繁杂，大多数工作需要手工办理，处理效率较低，人力成本高。

为了改善业务办理方式，优化人员综合管理工作流程，该企业上线得帆云人员综合管理系统，与企业现有系统集成，达到提高人员综合管理工作效率、控制人力成本的目的。

（二）业务难点

当前集团人事工作繁杂、内容重复且出错率高，以下问题亟须优化。

- 线下人工办理的效率较低。
- 工作量大，重复性高，费时费力，人力成本高。
- 纸质单据难以统计，手工核对错误率高。
- 各业务分散管理，流程严重滞后。

（三）解决方案

基于上述业务场景及需求，我们基于得帆云 DeCod 低代码平台快速构建了得帆云人员综合管理系统，具有基础工作、招聘管理、考勤管理、绩效管理、劳动关系管理等模块，与企业现有系统集成，实现人事工作全方位管理。

根据企业管理工作痛点，得帆云人员综合管理系统能达到以下目标。

- 流程标准化：创建业务流程的标准模板，统一流程规范。
- 流程自动化：流程可以自动审批，灵活性强，提高工作效率。
- 数据可视化：线上生成分析报表，辅助业务部门做出决策。
- 系统可拓展：可以向人力资源以外的财务、后勤等模块拓展。

（四）关键功能

1. 人力资源配置与服务

得帆云人员综合管理系统与企业现有系统集成，共享员工基本信息，同步建立员工基础信息库，数万名员工信息一键存档，方便 HR 在线更新人员架构，做好员工组织管理，"员工信息"表单如图 3-258 所示。

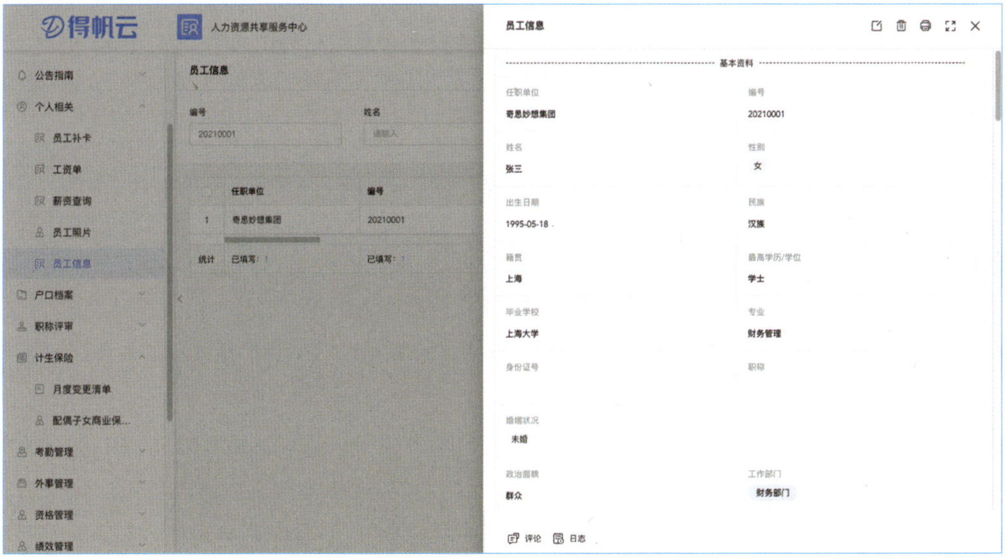

图 3-258 "员工信息"表单

调档函、集体户入户申报、集体户户口迁出证明、集体户户籍卡借用、人事档案借阅等各类证明函件的办理，都从线下转移到了线上，"调档函"申请如图 3-259 所示。系统简化此类证明文件的远程审批流程，员工线上申请后随时可以查看办理进度，企业内部人力资源工作的效率得到提高。

图 3-259　"调档函"申请

2. 招聘流程管理

系统将企业各岗位现状及需求可视化，提供实时需求分析，辅助招聘策略的制定。

如图 3-260 所示，"部门岗位说明书确认"表单具有岗位、岗位目标等字段，并关联岗位的详细信息，是人力资源部门进行员工招聘、制订培训计划和个人发展计划的依据。

图 3-260　"部门岗位说明书确认"表单

如果有新的招聘需求，则可以在线提交补员申请，"补员申请"表单如图 3-261 所示。

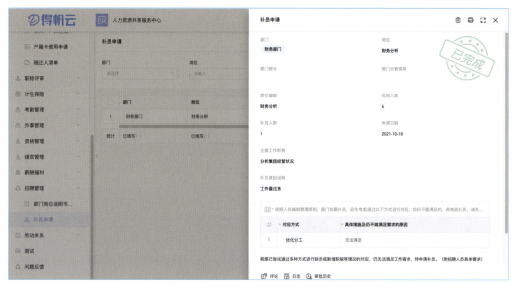

图 3-261 "补员申请"表单

3. 考勤管理

得帆云人员综合管理系统与企业考勤系统集成，数据汇总自动生成考勤日报和月报表，帮助企业优化考勤排班管理，"考勤日报"页面如图 3-262 所示。同时管理员工每天的出勤情况，包括请假、迟到、出差、休假等。

图 3-262 "考勤日报"页面

各类申请（请假、外勤、加班）在线申请，推送至审批人及时审批，"探亲假资格申请"表单如图 3-263 所示。

图 3-263 "探亲假资格申请"表单

4. 绩效管理

主管/分管领导可以快速制定年度绩效计划，如图 3-264 所示。考核指标和岗位自动关联，及时分发给员工。

图 3-264 制定年度绩效计划

员工可以查询资格信息及个人绩效信息，"员工资格信息查询"表单如图 3-265 所示。

图 3-265　"员工资格信息查询"表单

5. 劳动关系管理

使用得帆云人员综合管理系统后，劳动者与用工单位建立、变更、延续、解除劳动关系的全流程都能在系统中完成。如发放录取通知书、签订劳动合同、入职呈批、办理社保关系、缴纳五险一金、接收个人档案、实行试用期考核、办理转正手续、离职呈批等审批流程都能在线上进行申请和处理。其中，"入职呈批"表单如图 3-266 所示，"离职呈批"表单如图 3-267 所示。

图 3-266　"入职呈批"表单

图 3-267   "离职呈批"表单

（五）项目总结

得帆云人员综合管理系统整合了分散的业务模块，从招聘到考勤，从组织到员工，系统提供全面支持，为企业决策提供实时、准确、全面的数据辅助，帮助企业有效控制劳动成本。

使用得帆云 DeCod 低代码平台，企业可以打造与时俱进的人力资源管理系统，帮助企业实现数字化变革，提高核心竞争力。

七、后勤部门：汽车企业员工手机卡管理

（一）场景背景

某大型新能源汽车企业与三大运营商合作员工企业手机卡业务，包含话费补贴和合约机业务。员工可以办理更低资费套餐的手机卡或获取相应话费补贴，以更优惠的方式获取合约机。现在整个业务流程基本为线下手工作业，工作量大、效率较低、流程规范性差。基于以上背景，根据业务管理需求，企业通过得帆云 DeCod 低代码平台，快速实现手机卡管理场景的落地，满足手机卡线上标准化管理的需求。

（二）业务难点

- 在办理手机卡业务时，需要手机卡管理员人工受理，办理效率低。新卡申请在供应商处办理，全流程线下进行，重复性工作多，且工作量巨大，造成人力资源浪费。

- 所有账单都需要手机卡管理员手动进行收集和计算，并在付款系统中导入和导出，同样包含大量的重复性工作。
- 已办理手机卡的数据无法统计，也无法实时查看。

（三）解决方案

企业希望梳理手机卡相关业务处理流程，保障后续统一规范操作。此外，还需实现以下3个目标。

- 手机卡申请、受理和办理的全流程可以在线上用可视化视图展示。
- 与联通、电信和移动三大运营商对接，适配标准业务，服务全企业。
- 通过线上数据自动化识别，对离职人员和长期未使用的公共手机卡进行有效管控，防止资源浪费。

因此我们设计了得帆云手机卡管理系统架构，如图 3-268 所示。

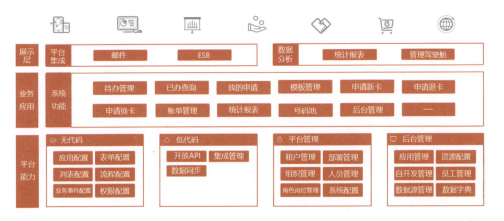

图 3-268　得帆云手机卡管理系统架构

（四）关键功能

1. 申请新卡

如图 3-269 所示，申请人在 OA 系统中发起申请，由领导审批后自动同步到得帆云手机卡管理系统。对应的供应商收到相关内容且通过审核后，将业务分配给客户经理办理。客户经理办理完成后，将该手机卡办理状态发送至 OA 系统。申请人收到新卡办理完成的提醒后，可以申请结束流程。

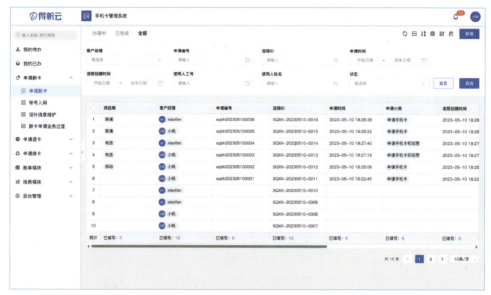

图 3-269　申请新卡

2. 退卡申请

如图 3-270 和图 3-271 所示，申请人在 OA 系统发起退卡申请，领导审批后自动同步到得帆云手机卡管理系统，供应商收申请后指派客户经理进行处理。供应商客户经理直接在系统上传离职账单并同步至 OA 系统进行确认，得帆云手机卡管理系统同时自动计算超支金额。退卡完成后，将超支金额发送给人事系统，后台也会同步维护手机卡基础数据。

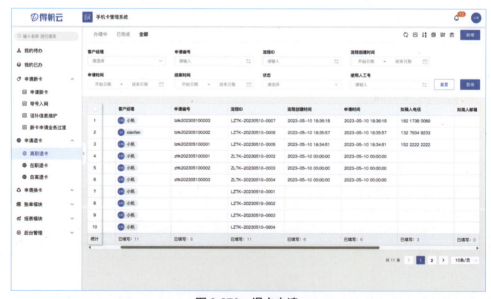

图 3-270　退卡申请

图 3-271   "自离退卡" 表单

3. 换卡申请

如图 3-272 所示，申请人在 OA 系统发起换卡申请。审批通过后，旧卡供应商在收到申请后指派客户经理进行处理。同时，新卡供应商也直接在系统中分配客户经理，客户经理办理完成后，线下联系使用人领卡。

换卡完成后，申请人手动结束流程并发送结束状态至得帆云手机卡管理系统。得帆云手机卡管理系统将流程关闭，维护手机卡记录至后台，将新卡记录发送至人事系统。

图 3-272   换卡申请

4. 账单管理

员工在离职退卡和自离退卡时，子表中会新建并关联账单。新建时自动带出员工工号、姓名、退卡手机号、供应商编号、供应商、所属退卡流程、所属退卡流程明细信息，其中账单明细中的话费补贴额度自动根据账期来获取手机号管理表中的实时话费补贴。

供应商每月通过文件导入的方式直接上传月度账单。系统根据账单关联手机号的信息，自动写入"月度账单"页面，如图 3-273 所示。

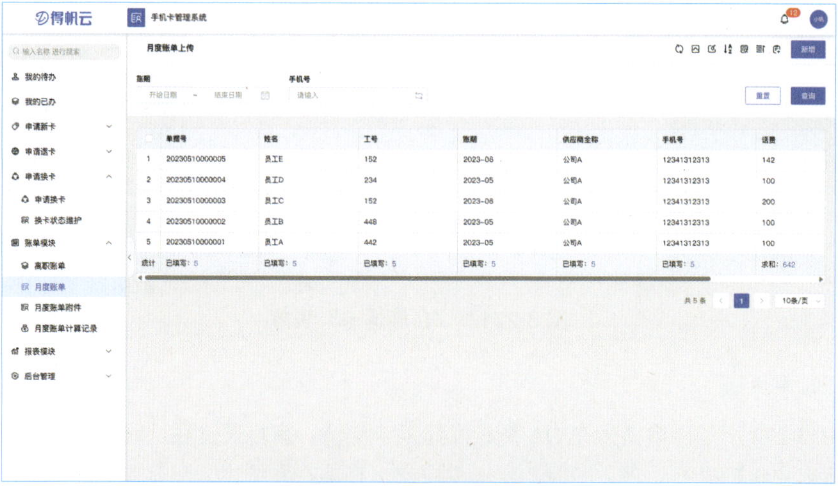

图 3-273　"月度账单"页面

5. 统计报表

系统统计手机卡管理系统中所有模块的数据，自动生成报表，管理员可以实时查看和导出报表。其中，"供应商处理流程"报表如图 3-274 所示。

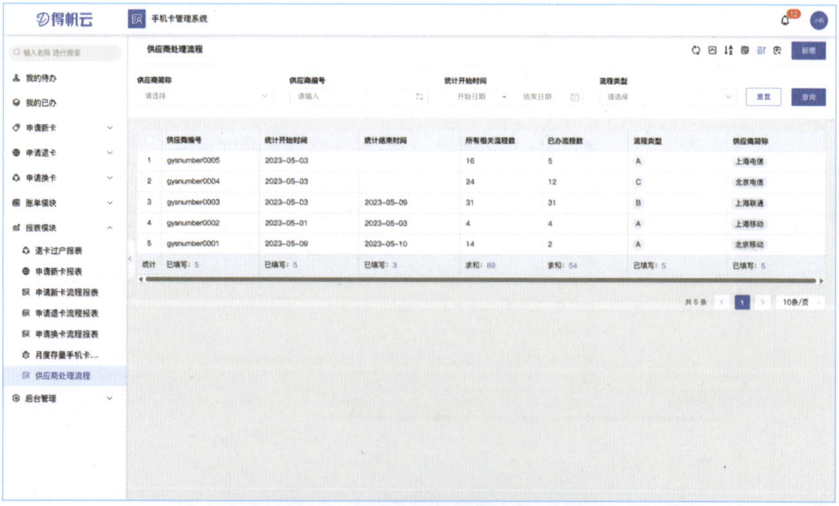

图 3-274　"供应商处理流程"报表

6. 供应商信息管理

如图 3-275 所示，在系统中统一维护企业所有的手机卡信息和供应商信息。供应商管理员能够直接在前台修改供应商信息、开启或禁用供应商账号。

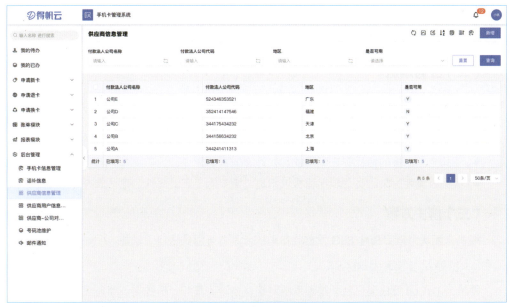

图 3-275　供应商信息管理

（五）项目总结

通过得帆云 DeCod 低代码平台搭建的得帆云手机卡管理系统，企业极大地提高了手机卡业务办理的效率。同时，企业规范了手机卡申请、换发、费用管理等操作流程，使手机卡业务的办理更加标准，操作更加规范、可控。

同时，通过手机卡业务全流程展示及对长期未使用公共手机卡监控，管理人员可以实时查看所有手机卡业务情况，以便进行监督优化，同时减少手机卡浪费，节省成本，在提升员工使用体验的同时，更高效地利用手机卡资源。

八、企划部门：汽车集团 ESG 数据收集

（一）场景背景

随着全球气候变化和社会责任问题不断引起人们的关注，越来越多的企业开始注重环境、社会和治理（ESG）的相关问题。ESG 的实践不仅可以降低企业的环境风险，提高社会责任感，还可以改善企业的治理结构，提高企业的竞争力和可持续性。

然而，要确保企业在实践 ESG 的过程中取得成功，需要收集和分析大量的数据。这些数据包括企业的环境和社会绩效数据、股东和利益相关者的反馈、政策法规的变化等。这些数据可以用来衡量企业的 ESG 绩效和风险，为企业提供决策支持，帮助企业实现可持续发展的目标。因此，ESG 数据的准确性是制造企业的重点关注问题。

某大型汽车集团需要对总部各部门及下属企业进行数据收集，对异常和口径不一致的指标进行审批，提高指标收集的准确度，保障流程规范化实施。

（二）业务难点

在收集指标数据的过程中，集团面临以下难点。

- 填报指标变动快，邮件知会效率低且容易被忽略。
- 各职能部门审核的指标的范围不同，收集的数据需要拆分成多份进行转发和审核。
- 不同企业上报的指标存在不同的加权计算方式。
- 数据收集耗时久，员工填报积极性不高，需要人工定时邮件、电话催办。

（三）解决方案

得帆云团队为集团搭建 ESG 数据收集系统，具体可以实现以下功能。

1. 自动化数据收集和分析

得帆云 DeCod 低代码平台和集团系统对接，自动收集和分析数据，节省业务人员大量的时间和精力。对数据进行分析和可视化展示，帮助集团觉察趋势和风险，制定决策和措施。

2. 指标分类汇总

我们将指标分为 3 种类型：不同的指标有不同的汇总方式。

- 指标类型 1：需要审核，不需要通过各下属企业运算汇总。
- 指标类型 2：不需要审核，总部职能部门直接填报。
- 指标类型 3：需要审核，并需要通过各下属企业运算汇总。

3. 实时查看进度，设置定时提醒与催办

单击任务详情，可以实时查看下属企业的填报进度和职能部门的审核进度，总部管理员可以单击催办按钮，发送邮件和短信提醒未填报人员。

4. 实时数据更新和提醒

实时更新数据，及时向集团提供最新的 ESG 数据和信息，使集团更好地了解自己的 ESG 绩效和风险，迅速采取措施。

5. 可视化数据展示和报告

ESG 数据收集系统可以实时展示收集的数据和分析报告，帮助集团更好地理解 ESG 数据。

系统可以通过图表、表格、地图等方式将数据进行可视化展示，帮助集团更好地发现和解释数据中的趋势和关系。此外，系统还可以自动生成 ESG 报告和文档，帮助集团与利益相关者共享信息。

6. 指标模板导入

指标模板支持批量导入，减少填报人员的工作量。

（四）关键功能

1. 角色维护

如图 3-276 所示，我们统一维护系统操作人员的角色，以及填报角色所属部门 / 企业（下发投企 / 部门），并进行排序。

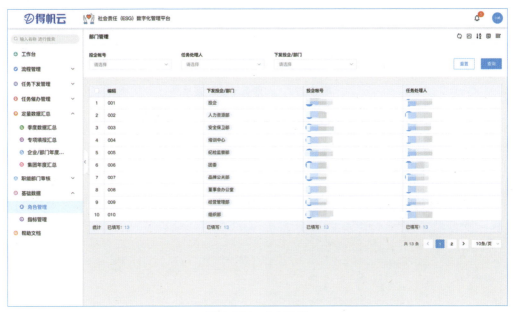

图 3-276　角色维护

2. 任务下发

"任务下发"表单如图 3-277 所示，管理员下发填报任务，打开任务下发详情，如图 3-278 所示，可以查看填报和审核进度。总部管理员可以单击催办按钮，发送邮件和短信提醒未填报人员，任务催办详情如图 3-279 所示。

图 3-277 "任务下发"表单

图 3-278 任务下发详情

图 3-279　任务催办详情

3. 填写并提交季度数据

集团一般以季度为单位，要求填报人填写对应的 ESG 数据，"季度数据汇总"表单如图 3-280 所示。

图 3-280　"季度数据汇总"表单

总部职能部门需要填报总部的数据，填写时支持上传相关附件，如图 3-281 所示。

图 3-281　总部职能部门填报总部的数据

下属企业需要填报企业所有的经营数据，填报时支持上传相关附件，如图 3-282 所示。

图 3-282　下属企业填报企业所有的经营数据

4. 拆分表单

拆分总部和下属企业填写完成的数据，数据拆分流程如图 3-283 所示，并提交给对应的部门进行审核，如图 3-284 所示。

图 3-283 数据拆分流程

图 3-284 对应部门审核

5. 汇总 ESG 数据报告

对应部门审核通过后，自动进行汇总，下属企业数据汇总流程如图 3-285 所示，生成下属企业年度 ESG 数据报告，如图 3-286 所示。

图 3-285　下属企业数据汇总流程

图 3-286　下属企业年度 ESG 数据报告

对应部门审核通过后，自动进行汇总，总部职能部门数据汇总流程如图 3-287 所示，生成总部年度 ESG 数据报告，如图 3-288 所示。

图 3-287　总部职能部门数据汇总流程

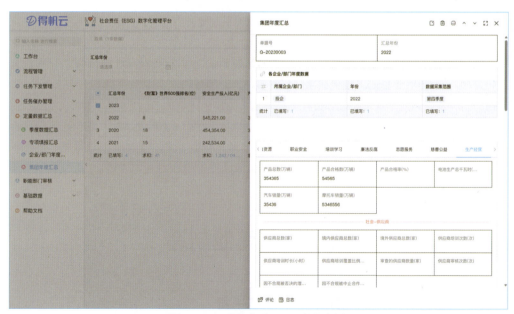

图 3-288　总部年度 ESG 数据报告

6. 定时触发

通过定时触发，提醒处理人员及时填写，避免延误 ESG 报告的编写，如图 3-289 所示。

图 3-289　定时触发

（五）项目总结

集团基于得帆云 DeCod 低代码平台，建立通用的 ESG 数据收集系统，实现数据的自动分发采集、校验和汇总，提高数据整理效率；打通企业内部门、总部与投资企业的数据审批流程，统一口径和数据标准。同时，ESG 数据收集系统支持共享协作，进度实时更新，并且可以发送催办提醒。

此外，通过得帆云 DeCod 低代码平台配置系统审批流程，可以使数据按照业务所需规则进行流转；通过得帆云 DeCod 低代码平台配置多种定时任务触发，可以做到填报任务及时处理、及时分析、快速响应、规范处理、过程留痕，从而为集团正常生产运营保驾护航。

如今，ESG 已成为全球范围内的共识。但 ESG 仍然是一个新生事物，还需企业结合自身特点不断探索和实践。得帆云 DeCod 低代码平台能帮助企业快速收集 ESG 数据，展示各投资企业的 ESG 实践情况，助力企业建立一个健康、完善的 ESG 生态系统。

第五节　其他制造

一、运营部门：家电集团信息触达平台

（一）场景背景

某家电集团为实现运营信息精准触达，精细化管控动作，提高管控的体验和效率，兼顾

安全和稳定。要求基于得帆云 DeCod 低代码平台搭建信触平台，快速支持新业务模式下的运营管控要求。

该集团要求得帆云信触平台实现以下 2 个目标。

- 平台配置得帆云信触平台与复用模板"母模板"的实现。
- 信息精准触达，人员、规则解析与映射。

得帆云 DeCod 低代码平台作为得帆云信触平台基座，提供表单配置、业务规则、流程对接的能力。

依托于平台能力，得帆云信触平台大致可分为平台、扩展、开发 3 层，其架构如图 3-290 所示。平台层主要提供基础服务能力，包括能效组件等；扩展层为得帆云信触平台提供良好的延展性，能更好地将业务与基座连接起来；开发层为低代码能力层，为得帆云信触平台提供高度可配置、快速可响应的业务能力。

图 3-290　得帆云信触平台架构

（二）业务难点

基于得帆云 DeCod 低代码平台搭建得帆云信触平台的难点如下。

- 得帆云信触平台与现有系统数据集成难。
- UI 规范统一难。
- 无法快速响应前端表单。

（三）解决方案

得帆云 DeCod 低代码平台提供数据库反向建模、自开发组件等功能解决搭建得帆云信触平台的难点。

1. 信触平台数据抽取与对接（平台集成能力）

- 由于精细化管控涉及的 6 类模板数据存在大量集成场景，因此需要基于得帆云 DeCod

低代码平台进行集成对接，业务系统交互如图 3-291 所示。

- 得帆云 DeCod 低代码平台对接不同数据库及历史存量数据，基于表结构反向生成数据模型，业务数据交互如图 3-292 所示。

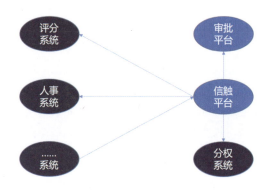

图 3-291　业务系统交互

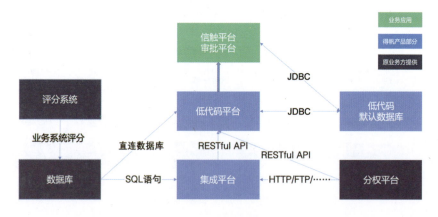

图 3-292　业务数据交互

2. 母模板配置、UI 风格（表单配置、表单引擎、UI 定制）

- 通过组件市场共享组件级别子母模板，增强页面复制及引用功能，提供表单级别子母模板功能。
- 定制符合企业级的 UI 规范，提供统一的用户体验。

（四）关键功能

1. 企业级表单引擎关键方案 – 数据源集成

方案一：基于得帆云 DeFusion 融合集成平台提供 API 编排功能。

优势：集成能力强大，对原始系统侵入小。

- 通过自建数据库模拟演示企业级数据库中的表结构及基础原始数据，如图 3-293 所示。

- 通过得帆云 DeFusion 融合集成平台将原始数据发布成 API 供得帆云 DeCod 低代码平台对原始数据进行抽取，如图 3-294 所示。
- 通过得帆云 DeCod 低代码平台提供的定时任务能力，以轮询的方式采集集成平台数据，并作为原始数据，为业务提供支撑。

图 3-293　数据库模拟

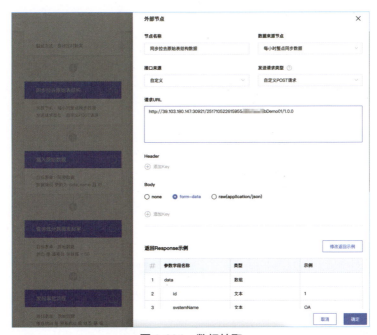

图 3-294　数据抽取

方案二：基于得帆云 DeCod 低代码平台提供数据库方向建模功能。

优势：可以快速实现业务场景，复用历史表结构。

- 通过得帆云 DeCod 低代码平台直连数据库，读取原始数据，如图 3-295 所示。

- 通过企业数据库平台反向建模，生成数据模型并进行展示，如图 3-296 所示。

图 3-295　读取原始数据

图 3-296　生成数据模型

2. 企业级表单引擎关键方案 – 自定义组件 / 虚拟字段

方案一：基于自开发组件实现。

优势：组件功能较强大，支持通过动态配置 RGB 满足企业级 UI。

- 在表结构中创建红绿灯字段，如图 3-297 所示。
- 根据字段名称查询相关页面需要渲染的字段，如图 3-298 所示。
- 自开发一个使用 RGB 模式渲染红绿灯的组件，如图 3-299 所示。

图 3-297　创建红绿灯字段

图 3-298　查询需要渲染的字段

图 3-299　自开发组件

方案二：基于平台虚拟字段实现。

优势：不需要开发，平台提供 JS 和 CSS 编辑器，当场景简单时可以通过此方式快速实现。

● 在"列表设计"页面中配置虚拟字段用于展示，如图 3-300 和图 3-301 所示。

图 3-300　配置虚拟字段

系统名称	系统编码	分数值	评价月份	归属事业部	归属事业部编码	红绿灯
人力资源系统		40	3			🟠
人力资源系统		72	2			🟢
人力资源系统		70	1			🟢
人力资源系统		70	1			🟢
OA		45	5			🟠
OA		70	4			🟢
OA		65	3			🟢
OA		72	2			🟢
人力资源系统		45	5			🟠
人力资源系统		50	4			🟢
OA		70	1			🟢
已填写：11	已填写：11	求和：669	求和：31	已填写：11	已填写：11	

图 3-301　字段展示

（五）项目总结

基于得帆云 DeCod 低代码平台搭建的得帆云信触平台，为集团信息触达难题提供多种有效的解决方案，将来源于多业务系统的繁杂的信息数据统一整合，进行传达和管理。得帆云信触平台助力集团新业务运营模式建设，实现运营信息的精准触达，精细化集团管控。

二、采购部门：综合工程企业 EPC 总承包项目材料管理

（一）场景背景

近年来，随着国内总承包项目日益增多，许多工程公司的业务已从单一的设计业务转变为集设计、采购、施工业务于一体。通过近几年总承包项目的实践，不难看出材料控制与采购管理越来越重要。

材料是 EPC（Engineering Procurement Construction）总承包项目建设的物质基础，它直接影响工程的建设周期、质量及费用。在 EPC 总承包项目中，材料管理是总承包商项目管理的重要内容之一。

（二）业务难点

- 材料数量大、种类多，管理难度大。
- 材料管理环节多、周期长，管理要求高。
- 材料设计变更多、版次管理难、易失真。

（三）解决方案

EPC 总承包项目的材料管理系统（MMS）是一个复杂又综合的系统，如图 3-302 所示。从设计发出请购单开始到装置验收结束，材料管理伴随项目的整个生命周期，是一个动态的控制过程。材料管理的内容包括设备材料的请购、询价、评标、采购、制造厂检验、货物到场的开箱检验及报验、现场入库及维护、设备材料施工跟踪、设备材料完成安装报验直至余料及废料的退库管理等工作。概括起来分为 4 个关键部分：定义材料、材料表管理、请购管理、采购管理。

图 3-302　材料管理系统

材料管理主流程如图 3-303 所示。设计部门负责编制各专业的散装材料表（包括技术要求）、设备表和技术规格书，提交给项目控制部门的材料控制工程师。材料控制工程师按 WBS 与设计版次管理各级材料表和汇料表，按照请购单打包原则生成请购单，管理和比较不同设计状态的请购单，并按采购流程提交正式的请购单。采购人员根据收到的请购单对询价、投标、评标、订单、催交、检验、监造、厂商资料跟踪、运输等过程的材料状态和材料数量进行管理。

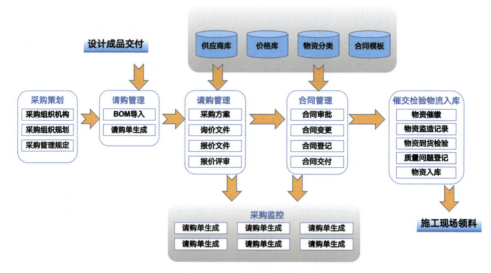

图 3-303　材料管理主流程

（四）关键功能

1. BOM（物料清单）管理 – 校验变更

由项目工程师提供项目材料单，并将材料单导入 MMS，以项目号、位号、状态为唯一性标识，系统自动校验材料属性是否发生变更，如果变更，则对材料版本进行管理。

如图 3-304 所示，BOM（物料清单）管理 – 校验变更的详细功能点如下。

- 通过配置化方式实现将材料清单导入 MMS，并支持和设计系统集成。
- 通过配置化方式实现单个材料的变更校验。
- 材料属性发生变更后，系统自动校验，并进行标识。
- 材料变更后版本号加 1，状态变更为启用状态。
- 变更材料的原数据记录状态失效，只做历史记录关联。

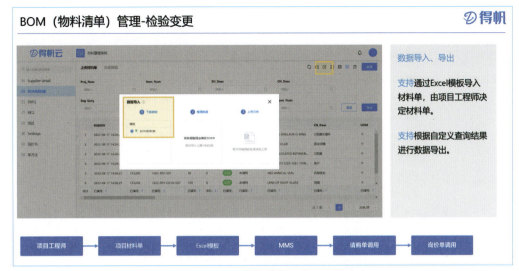

图 3-304 BOM（物料清单）管理 - 校验变更

具体配置如下。

- 表单配置：如图 3-305 所示，基于企业开发规范设计数据模型，通过平台添加模型页面，根据不同字段绑定相关组件，同时配置字段的必填、只读、隐藏等规则，满足材料在不同状态下的字段的要求。

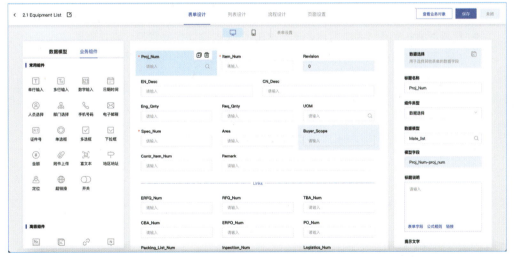

图 3-305 表单配置

- 列表设置：如图 3-306 所示，配置统一的列表展示页面，既满足对查询条件和查询结果的标准化定义，又满足根据不同角色的最终用户对页面进行个性化调整的需求。

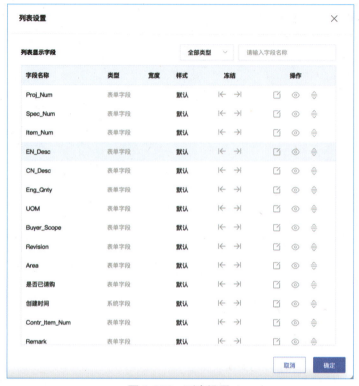

图 3-306　列表设置

- 权限配置：如图 3-307 所示，基于 RBAC 模式设计权限管控，满足不同字段级访问权限配置和数据权限配置的需求，针对不同场景支持权限穿透和权限合并。

图 3-307　权限配置

- 如图 3-308 所示，由此可以实现 BOM 材料校验变更，自动升版。

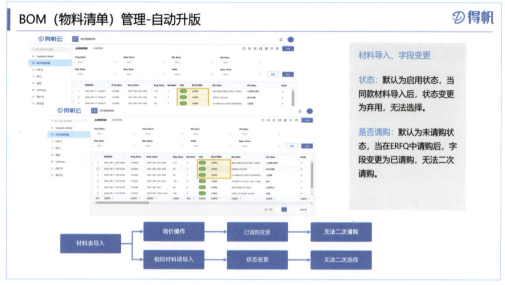

图 3-308　BOM（物料清单）管理 - 自动升版

　　基于埋点机制，将业务前置触发方式配置为数据导入成功后触发。导入成功后的数据进行系统初始化，将状态变更为启用，将版本号更新为 0。

　　当材料在设计系统中发生变更后，在 MMS 中查询历史数据，如图 3-309 所示，进行循环逻辑校验，系统自动筛选和校验哪些材料发生过变更。查到这部分材料后，利用公式规则更改版本号（版本号加 1），再将发生变更的数据的状态变更为启用，并将该类数据进行归档。

图 3-309　查询历史数据

2. 请购管理

根据材料表进行请购。如果对材料表中的材料不是100%进行请购，则可以通过设置请购系数来满足采购的不同需求。例如，在设计初期，根据模型统计，配管材料只进行一定数量的采购，如首次请购30%，此时应对材料总量的30%进行请购。

请购管理的详细功能点如下。

- 请购单版次跟随材料表按版次提交，在产生请购单时可以选择相应的材料版次生成请购单。
- 请购单类型选择材料的请购单分为用于询价和用于订单两种类型，处理这两类请购单时工作程序也有所不同。
- 用于订单的请购单可以产生询价、技术评标、商务评标，最终生成订单。而用于询价的请购单，到技术评标后就结束了，不产生订单。

具体配置如下。

表单配置：如图3-310所示，支持配置一对一、一对多、多对多的模型关系。支持根据项目选择请购的材料，支持材料项的多选、一键全选等操作。表单提交后发起审批流程，审批通过后自动生成RFQ表单。

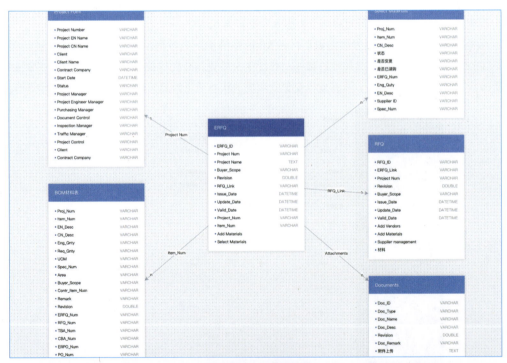

图 3-310　表单配置

- 版本升级：如图3-311所示，在业务事件中配置版本管理，当相关项目的材料表发生变更时，ERFQ自动变更，进行版本升级。

图 3-311　版本升级

（五）项目总结

使用得帆云 DeCod 低代码平台构建的 EPC 总承包项目的材料管理系统，以材料成本控制为核心，建立了一套完善的材料控制体系。这套材料管理系统能帮助企业强化材料控制意识，解决材料信息的缺失和交流不畅，材料短缺、浪费、交付不及时等问题，有效提高材料管理的效率，控制采购成本，对材料的消耗量和采购风险进行有效控制，从而提高企业的竞争力。

三、采购部门：工程集团证书线上标准化管理

（一）场景背景

某工程集团有几千本证书用于项目投标。过去，集团人资中心使用 Excel 管理证书的到期、升级、借用及归还。经营部门投标前需要人资中心提供实时证书数据，选择合适的证书完成项目投标。Excel 的管理方式，导致在投标过程中选择证书费时费力，影响正常投标工作。

（二）业务难点

- 证书到期时间不一，人资中心很难及时提醒员工申请资质延期。
- 证书数量多，每本证书借用、归还状态通过 Excel 管理，证书信息更新不及时、不精确，导致借用、归还过程混乱。

- 在投标过程中，证书借用没有过往数据支撑，导致资源错配，用高级证书投一般项目，浪费资源。
- 每本证书实际利用率难以计算，无法准确淘汰无用证书及人员。

（三）解决方案

集团基于得帆云 DeCod 低代码平台构建的证书资源管理系统如图 3-312 所示。该系统具有基础数据、证书管理、预警管理、费用管理、资源借还管理、数据看板等功能，构建了资源库，对证书资源进行信息化系统管控。其中，基础数据功能主要包括机构证书分类、个人证书分类、机构证书名称管理及个人证书名称管理等。

图 3-312　证书资源管理系统

同时，我们通过流程设计、业务事件、数据权限、功能权限等功能及钉钉、Webhook 等插件，灵活配置资源管理中资源借用的审批流程及钉钉待办数据推送，提高各部门之间的协同办公效率，实现证书资源的标准化管理。

（四）关键功能

我们基于页面需求设计对应的数据模型，通过拖曳不同业务组件形成整个页面内容，并对不同组件内容进行规则设置。

1. 证书管理

分别配置"机构证书管理"和"个人证书管理"表单，如图 3-313 和图 3-314 所示，将机构和个人的证书分类维护，记录证书的基本信息，对证书进行统一、规范的管理。证书管理功能维护了证书类别、证书种类、证书名称、证书编号、发证单位、发证日期、有效期至、证书状态、证书扫描件等基本信息，并关联了证书费用信息及借用证书的项目信息。

图 3-313　"机构证书管理"表单

图 3-314　"个人证书管理"表单

为了方便用户查询各类证书，我们在"机构证书管理"页面和"个人证书管理"页面分别配置了机构证书查询器和个人证书查询器，如图 3-315 和图 3-316 所示。

图 3-315　机构证书查询器

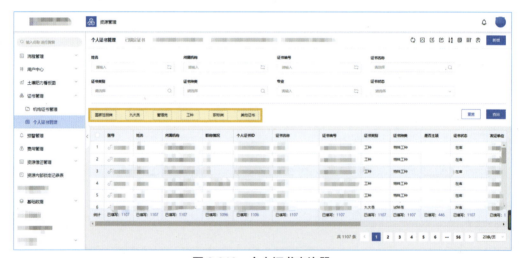

图 3-316　个人证书查询器

2. 预警管理

我们根据企业痛点与管理人员需求，设计了证书的预警管理功能，预警类型如图 3-317 所示，包括证书失效预警、证书出库预警、证书紧缺预警、证书借出预警、证书升级预警，根据设定的预警阈值，对证书的各类日期进行自动计算，并向相关人员定时发生预警信息，提醒证书管理人员及时更新证书信息。下面分别介绍证书失效预警、证书紧缺预警、证书升级预警的具体配置。

编号	预警名称	预警描述	预警规则	预警对象
1	证书失效预警	根据证书失效日期，提醒对应人员	近效期30/21/15/7天提醒一次，近效期7天之内每天提醒	人资中心、持证人
2	证书出库预警	根据证书出库日期，提醒对应人员	近效期30/21/15/7天提醒一次，近效期7天之内每天提醒	人资中心、持证人
3	证书紧缺预警	根据证书类别的预警阈值，提醒对应人员	每天定期提醒	人资中心
4	证书借出预警	根据证书借出的到期日期，提醒对应人员	近效期30/21/15/7天提醒一次，近效期7天之内每天提醒	人资中心、经营中心、持证人
5	证书升级预警	根据学历、年限、职称情况、职称年限维度，提醒对应人员	近效期30/21/15/7天提醒一次，近效期7天之内每天提醒	人资中心、持

图 3-317　预警类型

1）证书失效预警

证书失效规则配置如图 3-318 所示，根据证书管理表单中填写的"有效期至"字段，通过公式规则配置自动计算"距离证书到期日（天）"字段。

图 3-318　证书失效规则配置

根据计算结果，配置定时业务事件，定时查询符合预警规则的证书，如图 3-319 所示，向相关人员定期发送预警信息，如图 3-320 所示。

向相关人员发出的证书失效预警信息如图 3-321 所示。

图 3-319　配置定时业务事件

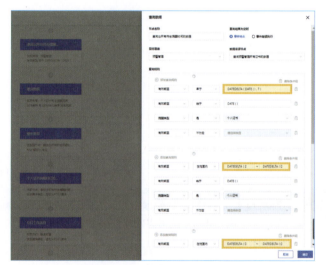

图 3-320　定期发送预警信息

图 3-321　证书失效预警信息

2）证书紧缺预警

根据管理人员对每种证书设定的"证书紧缺阈值（本）"字段，每小时对在库证书数量进行统计，如图3-322所示。当"在库证书数量（本）"字段的数值小于或等于"证书紧缺阈值（本）"字段的数值时，向管理人员发送紧缺预警提醒，证书紧缺预警配置图3-323所示。

图 3-322　在库证书数量统计

图 3-323　证书紧缺预警配置

向相关人员发出的证书紧缺预警信息如图3-324所示。

图 3-324　证书紧缺预警信息

3）证书升级预警

根据管理人员提供的证书升级文件，针对不同的升级规则和条件配置不同的业务事件，进行证书升级预警，如图 3-325 所示。

图 3-325　证书升级预警配置

向相关人员发出的证书升级预警信息如图 3-326 所示。

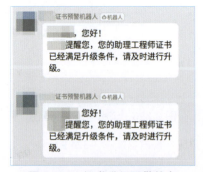

图 3-326　证书升级预警信息

其他预警与上述预警的实现方法类似。

3. 费用管理

分别配置"机构费用管理"表单和"个人费用管理"表单，如图 3-327 和图 3-328 所示，对机构和个人的证书相关费用进行管理，包括费用说明、证书编号、证书名称、费用金额（元）、发生时间、费用承担单位等信息，并关联该证书的详细信息。

图 3-327　　"机构费用管理"表单

图 3-328　　"个人费用管理"表单

4. 资源借还管理

同理，对机构资源和个人资源，分别配置"机构资源借用申请"表单和"个人资源借用申请"表单。其中，"个人资源借用申请"表单如图 3-329 所示，并配置对应的审批流程。

图 3-329   "个人资源借用申请"表单

当借用申请审批通过后，自动在"个人资源归还管理"页面中生成归还数据，系统支持针对单条数据发起归还申请和批量发起归还申请，如图 3-330 所示。

图 3-330   "个人资源归还管理"页面

申请人发起归还申请后，在管理人员界面会显示"确认归还"文字链接。同样，系统支持针对单条数据的确认归还和确认批量归还，"确认归还"文字链接和"确认批量归还"按钮如图 3-331 所示。

图 3-331 "确认归还"文字链接和"确认批量归还"按钮

5. 数据分析

我们将数据以可视化方式展示,对证书相关的数据进行配置,如证书数量可视化看板和证书使用可视化看板,如图 3-332 和 3-333 所示,实时了解公司的证书情况,最大限度地做到合理利用相关资源。

图 3-332 证书数量可视化看板

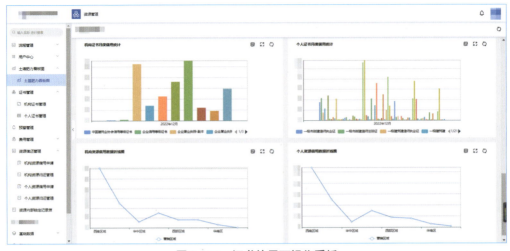

图 3-333　证书使用可视化看板

（五）项目总结

通过得帆云 DeCod 低代码平台快速完成功能配置，实现集团内证书线上标准化管理，提高了人资中心日常证书管理的效率。证书资源管理系统还可以准确、及时地提醒员工证书升级及资质延期，减轻了人资中心的工作压力。

集团证书资源管理系统的上线，也打通了人资中心与经营部门在证书使用过程中的信息壁垒，经营部门能在投标过程中更高效地使用证书，提高集团证书资源的利用效率。

四、质量部门：传统制造企业智能质检管理

（一）场景背景

随着经济环境的变化，市场竞争越来越激烈，企业已无法从产品与价格上获得绝对的市场优势。在这种情况下，企业不仅要在产品上下功夫，还要不断完善产品质量体系。因此，质量的管理和控制就显得尤其重要，而质检就是其中一个重要环节。

传统制造企业质检员年龄跨度大，对信息化的接受程度参差不齐，结合生产中不同流水线生产的数量、周期等来检验产品问题，虽然可以发现问题，但随着业务量不断增大，暴露了质检效率低的问题。

（二）业务难点

- 需要对接 OCR 识别吊牌信息，自动填充表单。
- 需要根据定位信息查询附近的工厂信息，进行质检。

- 系统必须支持嵌入企业微信，支持在移动端进行各种操作。

（三）解决方案

该制造企业使用得帆云 DeCod 低代码平台搭建智能质检系统，如图 3-334 所示，该智能质检系统包含以下功能。

- 移动端识别吊牌信息，通过对吊牌信息识别，自动填充质检单。
- 移动端通过定位信息，自动过滤地理围栏范围内的工厂。
- 质量评审之后自动生成质检报告。

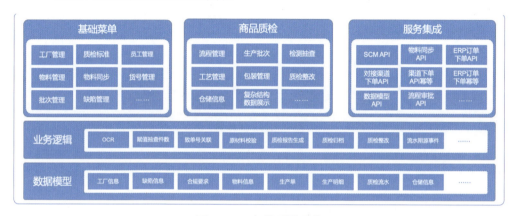

图 3-334 智能质检系统

公司根据拆分订单，将生产任务发配到各个生产厂房，当厂房根据订单生产好产品后，公司派遣质检人员到各个厂房中进行质检工作。

质检人员手持移动端设备对产品进行质检，并且记录厂房、质检时间等信息，按照 QC 质检流程完成质检单，记录相关质检信息，在进行存储的同时，可以与同批次产品往期质检的信息进行对比。完成质检后，员工将质检单与相应批次的产品绑定并进行发货操作。

（四）关键功能

1. 质检单设计

根据实际情况，质检人员能够通过最简便的方式，进行质检单的填报，对质检的信息进行管理。

如图 3-335 所示，质检单的设计满足以下功能点。

- 通过配置化方式实现需求产品信息、制单信息从 OMS 通过 API 方式添加到平台。
- 通过配置化方式实现类型合格及缺陷管理。
- 通过配置化方式实现公式规则计算。

不需要

图 3-335　质检单

- 表单配置：如图 3-336 所示，基于企业开发规范设计数据模型，通过平台添加模型页面，根据不同字段绑定相关组件，同时配置字段的必填、只读、隐藏等规则，满足订单在不同状态下的字段的要求。

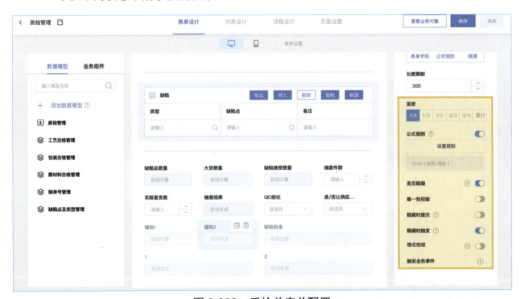

图 3-336　质检单表单配置

- 列表设置：如图 3-337 所示，配置统一的列表展示页面，既满足对查询条件和查询结果的标准化定义，又满足根据不同角色的最终用户对页面进行个性化调整的需求。

图 3-337 列表设置

● 权限配置：如图 3-338 所示，基于 RBAC 模式设计权限管控，满足不同字段级访问权限配置和数据权限配置的需求，针对不同场景支持权限穿透和权限合并。

图 3-338 权限配置

● 业务事件：如图 3-339 所示，基于埋点机制，进行业务逻辑的编排，串联字段之间的关联关系；通过配置弹窗，进行数据采集相关的操作；辅助自开发组件实现数据的操作。

图 3-339　业务事件

- 服务配置：如图 3-340 所示，平台接管 OMS 模块中涉及的标准 API，我们能通过可视化方降低 API 对接难度。

图 3-340　服务配置

- 服务调用：如图 3-341 所示，在业务事件中通过外部节点调用接管的标准 API，通过事件编排实现制单信息，当前节点在执行后形成执行日志，方便业务问题定位与业务留痕追溯。

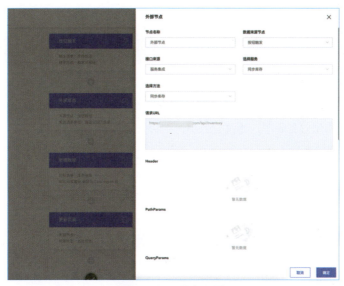

图 3-341　服务调用

● 外部节点：如图 3-342 所示，外部节点选用服务集成或自定义服务，配置服务入参/出参。入参的数据来源于当前需求子订单，出参在下一个节点被引用。

图 3-342　外部节点

（五）项目总结

质检管理系统是制造企业核心的业务系统，基于 QC 质检，不同类型的企业具有不同的质检规范和流程。针对不同类型和业务的企业，设计更加贴合自身需求的质检管理系统，是提高生产制造效率和质量的必备条件。

得帆云 DeCod 低代码平台提供高度可配置的表单设计、规则编排、服务接入能力，通过拖曳的方式快速构建业务表单，通过业务事件结合公式规则，配置复杂逻辑，能够快速实现企业复杂业务场景的落地。

同时，得帆云 DeCod 低代码平台很好地解决了标准套件实现个性化业务场景定制化开发难、交付慢、实施周期长的问题，帮助制造企业做到"高质量，低成本"！

五、后勤部门：建材产业集团宿舍费用和后勤管理

（一）场景背景

"包住"是很多劳动密集型企业为员工提供的福利。某建材产业集团为几千名员工提供免费住宿。

为了减少公司的运作成本，避免水电资源浪费，宿舍的水电费由员工分摊。由于员工流动性高，在计算分摊费用时，不能简单地进行平摊。企业需要规划合理的分摊方法和规则。

（二）业务难点

某建材产业集团在实际计算水电费的过程中，发现存在以下问题。

- 面对新入职员工只住几天，老员工退宿提前离开等情况时，水电费不能简单平摊。
- 人工计算员工分摊费用费时费力，纸质计算文件很难同步，及时更新。
- 核算宿舍费用的过程非常复杂，费用溯源困难。

（三）解决方案

该集团使用得帆云 DeCod 低代码平台搭建得帆云宿舍管理系统，主要功能模块包括员工入住信息、员工宿舍费用清单、员工宿舍费用中间表、宿舍费用计算等。并且使用业务事件、公式规则、业务规则等功能来帮助业务人员完成分摊费用的计算。

通过与客户实际沟通，我们梳理出以下水电费分摊流程和计算方式，如图 3-343 所示。

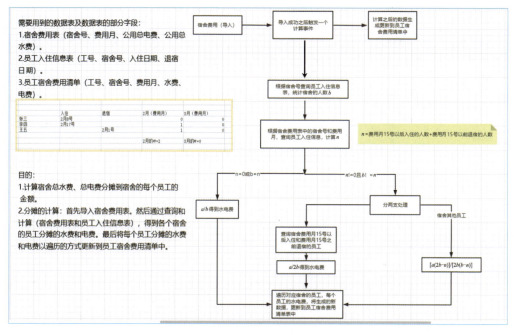

图 3-343 水电费分摊流程和计算方式

　　我们根据每间宿舍每月 15 号之后的入住人数及费用月 15 号之前的退宿人数判断分摊模式。分摊后，系统通过业务事件、公式规则自动计算分摊费用，并根据宿舍将费用分摊至对应员工，确保每笔费用清晰明确，以便费用计算和费用控制。

（四）关键功能

1. 员工入住信息

　　"员工入住信息"页面如图 3-344 所示，统一管理员工的住宿信息，方便宿舍管理员实时查看员工的信息和住宿情况。

　　为避免数据重复，员工入住信息一般设置为不可重复提交，提示信息如图 3-345 所示。具体配置如下。

　　在得帆云宿舍管理系统后台的业务事件中，新建提交信息不能重复的业务事件。

图 3-344　"员工入住信息"页面

图 3-345　提示信息

1）表单操作触发

触发节点配置如图 3-346 所示，将"触发类型"设置为"表单操作前触发"，"触发方式"设置为"表单保存或提交前触发"。

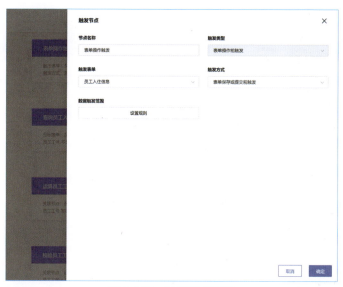

图 3-346　触发节点配置

2）查询事件

查询节点配置如图 3-347 所示，需要查询员工入住信息表中的全部数据，所以将"查询规则"设置为员工工号不为空。

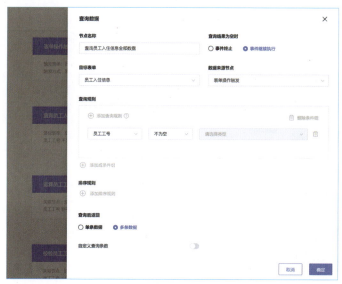

图 3-347　查询节点配置

3）运算节点

运算节点配置如图 3-348 所示，将前面查询到的全部数据汇总，并对"员工工号"和"员工姓名"进行"全部计数"操作，以便后续通过数据校验事件判断"员工工号"和"员工姓名"

是否已存在。

图 3-348　运算节点配置

4）数据校验

如图 3-349 所示，添加数据校验事件，在"校验规则"列表框中添加员工工号等于 0 和员工姓名等于 0 的校验规则。添加校验提醒，在员工工号和员工姓名大于 0 时进行提醒。

图 3-349　添加数据校验事件

2. 员工宿舍费用清单

"员工宿舍费用清单"表单用于记录个人每月需要缴纳的费用，如图 3-350 所示。我们为员工和管理员分别设置了表单权限，员工只能查看自己需要缴纳的费用，管理员可以查看全部员工需要缴纳的费用，如图 3-351 所示。

图 3-350 "员工宿舍费用清单"表单

图 3-351 缴纳费用数据权限设置

3. 员工宿舍费用中间表

"员工宿舍费用中间表"表单是由业务事件新增的临时表，其配置如图 3-352 所示，主要包含"员工姓名""员工工号""宿舍号""宿舍总人数""15 号之后入住 +15 号之前退宿人数"等字段。这些字段数据来源于多个表单，放到一个表单中集中保存，用于后续宿舍费用分摊取值。

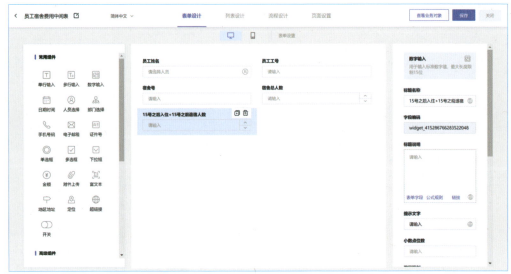

图 3-352 　"员工宿舍费用中间表"表单配置

4. 宿舍费用计算

业务人员每月月底进行宿舍费用统计，将费用 Excel 表导入系统，通过业务事件计算分摊费用。

在得帆云宿舍管理系统中，步骤可简化为 3 步。

- 第一步，在"页面设置"页面中，开启数据导入功能，并设置权限，后续将通过数据导入功能来触发"导入成功后业务事件"触发节点，将宿舍费用平摊到每位员工。
- 第二步，在"表单设计"页面中，为"费用月 15 日"字段设置公式规则，当选择费用月时能够自动获取费用月 15 日的日期。
- 第三步，在得帆云宿舍管理系统后台业务事件中添加"导入成功触发业务事件"触发节点，用于生成员工宿舍费用清单。

下面来详细介绍配置。

1）数据导入

设置数据导入权限，如图 3-353 所示，并开启数据导入功能，"数据导入"表单如图 3-354 所示。

图 3-353　设置数据导入权限

图 3-354　"数据导入"表单

2）公式规则

在选择费用月时能够获取到当前费用月 15 日的日期，开启"公式规则"功能，需要用到 FORMATDATE、CONCAT、SUBSTRING 和 MONTHDELTA 函数，如图 3-355 所示。通过这些函数配置公式规则，如图 3-356 所示，配置效果如图 3-357 所示。

图 3-355　开启"公式规则"功能

图 3-356　配置公式规则

图 3-357　配置效果

3）业务事件

该业务事件分为两部分，前半部分用于计算 n 的值：费用月 15 号之后入住的人数和费用约 15 号之前退宿的人数的总和、宿舍总人数，以及新增员工中间表数据。后半部分主要查询 $n=0$、$n=b$ 或 $n!=0$、$n!=b$ 来判断使用哪个费用分摊规则。

（1）计算分摊人数。添加触发节点，将"关联导入数据模板"设置为"宿舍费用"，如图 3-358 所示。

图 3-358　添加触发节点

（2）添加查询节点。在员工入住信息表（主数据）中以宿舍号为单位查询"入住日期早于费用月 15 日"和"退宿日期晚于费用月 15 日"的数据，如图 3-359 所示。

图 3-359　添加查询节点（1）

（3）添加运算节点，如图 3-360 所示。对"员工工号"字段进行全部计数操作，用于计算费用月 15 号之后入住的人数和费用月 15 号之前退宿的人数的总和 n。

图 3-360　添加运算节点（1）

（4）添加整合节点，如图 3-361 所示。将（3）中创建的运算节点计算出的 n 的总和进行整合。

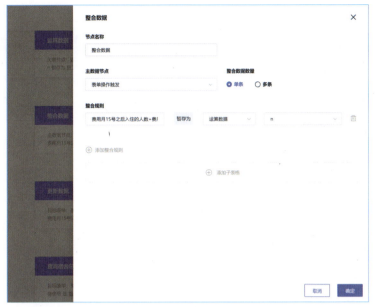

图 3-361 添加整合节点（1）

（5）添加更新节点，如图 3-362 所示。将 n 更新到"费用月 15 号之后入住的人数 + 费用约 15 号之前退宿的人数"字段。

图 3-362 添加更新节点（1）

（6）添加查询节点，如图 3-363 所示。查询"员工入住信息"列表中所有在住人员，以便后续计算每间宿舍的总人数。

图 3-363　添加查询节点（2）

（7）添加运算节点，如图 3-364 所示。"数据来源节点"选择（6）中创建的查询节点，查询宿舍总人数，"运算类型"选择"汇总统计成一条数据"选项，统计宿舍总人数。

图 3-364　添加运算节点（2）

（8）添加整合节点，如图 3-365 所示。将（7）中创建的运算节点计算的数据进行整合，并更新到"宿舍总人数"字段。

图 3-365　添加整合节点（2）

（9）添加更新节点，如图 3-366 所示。"目标表单"选择"宿舍费用"表单，并配置"宿舍总人数"更新为"总人数"。

图 3-366　添加更新节点（2）

（10）接下来，我们在应用前台可以看到实际效果，分别以没有人员变动的 301 室和有人员变动的 405 室为例。

没有人员变动的 301 室的前台效果如图 3-367 所示，计算结果如图 3-368 所示。

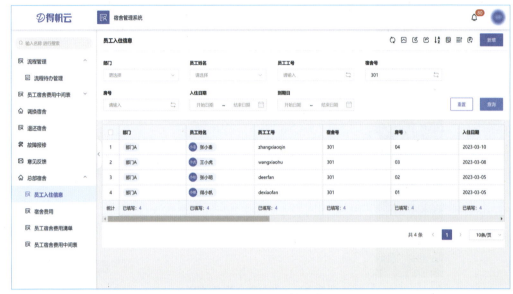

图 3-367   301 室的前台效果

图 3-368   301 室的计算结果

有人员变动的 405 室的前台效果如图 3-369 所示，计算查结果如图 3-370 所示。

图 3-369　405 室的前台效果

图 3-370　405 室的计算结果

（11）添加查询节点，"目标表单"选择"员工入住信息"表单，"数据来源节点"选择"表单操作触发"选项，"查询规则"使用"是"逻辑，如图 3-371 所示。

图 3-371　添加查询节点（3）

（12）添加更新节点，开启"无可更新数据时自动新增"功能，"数据来源节点"选择（11）中创建的查询节点，并配置对应"宿舍费用"字段，如图 3-372 所示。

图 3-372　添加更新节点（3）

（13）添加更新节点，向"员工宿舍费用中间表"表单中插入数据，开启"无可更新数据时自动新增"功能，并配置"员工宿舍费用中间表"表单的对应字段，如图 3-373 所示。

图 3-373　添加更新节点（4）

（14）添加查询节点，查询宿舍总人数，在查询节点中配置规则，使用"存在于"逻辑，如图 3-374 所示。

图 3-374　添加查询节点（4）

（15）添加更新节点，"数据来源节点"选择（14）中创建的查询节点，并配置"员工宿舍费用中间表"表单的对应字段，如图 3-375 所示

图 3-375　添加更新节点（5）

（16）添加分支节点，如图 3-376 所示，"数据来源节点"选择"查询 n 是否等于 0"选项，如图 3-377 所示，添加一个新的分支并设置优先级和校验规则，图 3-378 所示。

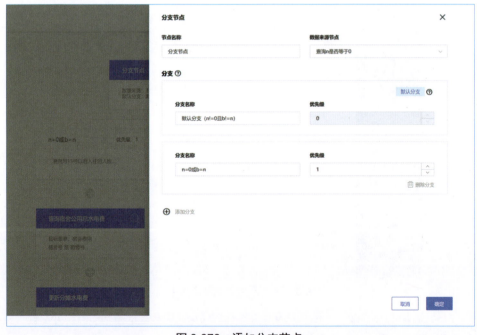

图 3-376　添加分支节点

图 3-377　"数据来源节点"选择"查询 n 是否等于 0"选项

图 3-378　添加新的分支

　　（17）添加查询节点，查询宿舍公用总水电费，"查询规则"使用"是"逻辑，如图 3-379 所示。

图 3-379　添加查询节点（5）

（18）添加更新节点，"数据来源节点"选择（17）中创建的查询节点，将"主表单更新规则"设置为"公式规则"的"公用总水费 / 宿舍总人数"和"公用总电费 / 宿舍总人数"，如图 3-380 所示。

图 3-380　添加更新节点（6）

（19）再添加一个更新节点，"数据来源"选择"查询数据"选项，并配置"员工宿舍费用清单"表单的对应字段，如图 3-381 所示。

图 3-381　添加更新节点（7）

（20）添加查询节点，"数据来源节点"选择"表单操作触发"选项，"查询规则"分别使用"是""早于"和"是""晚于"逻辑，如图 3-382 所示。

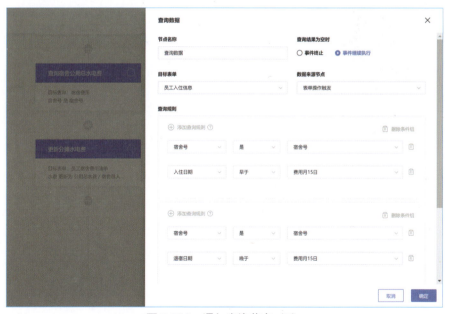

图 3-382　添加查询节点（6）

（21）添加更新节点，"数据来源"选择"查询数据"节点，并配置"员工宿舍费用清单"表单的对应字段更新为"自定义"的"1"，如图 3-383 所示。

图 3-383　添加更新节点（8）

（22）添加查询节点，"目标表单"选择"员工宿舍费用中间表"选项，"数据来源节点"选择"查询宿舍总人数"选项，"查询规则"使用"是"逻辑，如图 3-384 所示。

图 3-384　添加查询节点（1）

（23）添加整合节点，"主数据节点"选择"查询宿舍中间表"选项，"整合数据数量"选中"单条"单选按钮，"整合规则"将宿舍费用中的总水费和总电费整合出来，如图 3-385 所示。

图 3-385　添加整合节点（3）

（24）添加更新节点，"数据来源节点"选择（23）中创建的整合节点，水费更新为公式规则"总水费 /（2* 宿舍总人数）"，电费更新为公式规则"总电费 /（2* 宿舍总人数）"，如图 3-386 所示。

图 3-386　添加更新节点（9）

（25）添加更新节点，"数据来源节点"选择（23）中创建的整合节点，水费更新为公式规则"（总水费 *（2* 宿舍总人数 -15 号之后入住 +15 号之前退宿人数））/（2* 宿舍总人数 *（宿舍总人数 -15 号之后入住 +15 号之前退宿人数））"。电费更新为公式规则"（总电费 *（2* 宿舍总人数 -15 号之后入住 +15 号之前退宿人数））/（2* 宿舍总人数 *（宿舍总

人数 −15 号之后入住 +15 号之前退宿人数））"，如图 3-387 所示。

图 3-387　添加更新节点（10）

（五）项目总结

得帆云宿舍管理系统能够帮助企业快速完成费用分摊计算，针对不同费用类型，也可以按照部门、项目、人员等不同维度进行分摊计算，提高员工的缴费效率和满意度。企业也能更加准确、高效地进行成本核算，无须人工对账，实现精细化管理。

六、物管部门：制造企业物资出入信息化管理

（一）场景背景

某大型制造企业在日常生产中会涉及大量的物资出入。但是现有的物资进出门管理模式多依托于线下纸质单据，效率低且容易出现管理漏洞，资产管理也会有失控的风险。因此该企业急需一套系统来解决物资进出门管理的问题，取消线下手撕单，统一线上审批。与前置业务系统集成，在物资出入时，前置业务系统能够提供数据支持。

（二）业务难点

- 出门证为线下手撕单的形式，易丢失、难追溯。
- 出门证在线下进行审批，审批效率低，耗时费力。

- 进出厂车辆没有绑定前置订单，无法进行全程管理。
- 门岗看不到前置单据，难以进行物资出入对比核验。

（三）解决方案

基于得帆云 DeCod 低代码平台构建的得帆云出门证管理系统，包含基础数据维护、物流单据申请、我的出门证、我的验证码等功能模块。其中，基础数据维护模块主要包括物料信息、工厂信息、库位信息及工厂门岗信息。

同时，通过流程设计、数据权限等功能，灵活配置得帆云出门证管理系统中的审批流程，并设置多维度人员权限，规范管理流程，减少人工失误，大幅度缩短了出门证从发起到审批完成所需的时间。

（四）关键功能

1. 物流申请单

如图 3-388 所示，相关部门负责人可以在"物流申请单"表单中填写需要进出厂物料的基本信息，以及验证码接收电话号码，当该物流申请单审批通过后，会给此电话号码发送验证码。同时，"物流申请单"表单可以关联其他系统中的订单数据，与前置业务进行绑定。

图 3-388　"物流申请单"表单

验证码发送配置如图 3-389 所示。

图 3-389　验证码发送配置

2. 我的出门证

申请人在"我的出门证"表单中填写出门物资及运载车辆信息。在此可以集成相关系统，将运载车辆进出门时的重量信息写入表单，如图 3-390 所示。

图 3-390　"我的出门证"表单

不同人员角色有不同的出门证管理权限。例如，管理员可以对出门证数据进行修改和新增，但门岗人员只能查看出门证信息。

在一些特定的情况下，外部人员也可以通过扫描二维码的方式来发起出门证流程，如

图 3-391 所示。

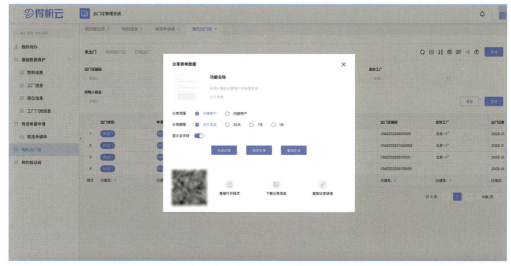

图 3-391　外部人员扫描二维码

数据权限配置如图 3-392 所示。

图 3-392　数据权限配置

3. 我的验证码

　　我的验证码功能模块支持集成短信功能。当物流申请单审批通过后，会以短信的方式向表单中填写的电话号码发送验证码，发送成功后会在"我的验证码"表单中新增一条数据记录，如图 3-393 所示。

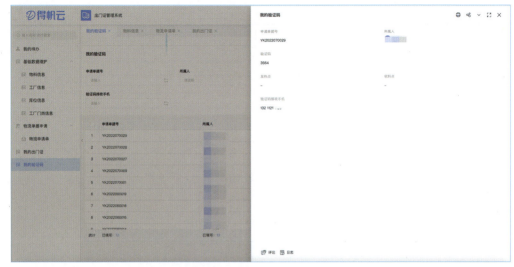

图 3-393　"我的验证码"表单

（五）项目总结

使用得帆云出门证管理系统后，企业可以对车辆进出门信息、出门证流程发起与审批等流程进行全方位的管控。出门证的办理更加便捷、更加快速，且全流程数据留痕，方便追溯和权责分析。

得帆云出门证管理系统集成了企业多个硬件设备和其他系统，数据可以直接读取、写入、回写，改善了企业系统数据不准确、各系统数据割裂的问题，帮助企业实现高效、协同办公。

七、生产部门：新能源企业工具调度管理

（一）场景背景

某全国新能源行业领军企业，拥有全球四大研发中心、七大生产基地交付中心。因交付中心现有项目数量较多，各部门工具种类较多，且没有信息化系统对工具进行统一管理，导致各部门间的工具无法有效共享。此外，交付中心项目现场工具分布广，项目间工具的调拨使用操作流程也并不规范。

（二）业务难点

- 工具共享率低。交付中心项目较多，各部门工具无法有效共享。
- 基础数据不统一。各项基础数据偏差大，不便于数据统计和业务协同。
- 工具管理制度缺失，流程规范难度大。交付中心项目现场工具分布广，且工具管理制度缺失，项目间调拨使用操作流程不规范。
- 费用预估不准确。工具租用费用预估不准确，费用不可控性大。

（三）解决方案

企业出于业务规范化和效率高效化的需要，基于得帆云 DeCod 低代码平台搭建工具调度管理系统，要求项目维修工具的使用和调度能够集中统一管理，并且可视化展示相关数据。具体功能要求如下。

- 实时同步资产台账信息，并允许各项目成员关联查询。
- 各项目工具使用情况、存放地点透明化。
- 针对不同机型、项目容量等，结合制造基地和项目现场实际使用情况，制定标准工具包。
- 规范运维工具的申请过程，所有申请必须规范填写申请流程，并由工具管理人员统一处理（调拨或租用）工具。
- 工具租用流程线上化，在租用到期前 3 天提醒租用人员续租或归还。

基于以上功能要求，结合企业工具调度管理流程，如图 3-394 所示，搭建得帆云工具调度管理系统，主要功能模块包括运维工具需求申请单、运维工具需求池、资产调拨单、工具租用申请单、租用一览表。

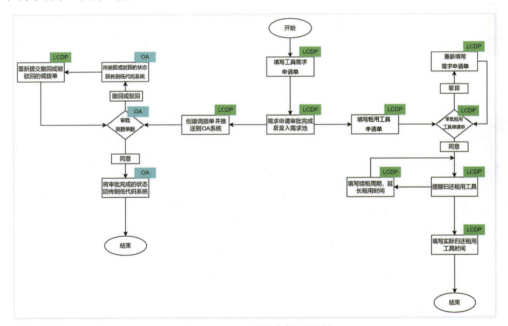

图 3-394　工具调度管理流程

工具调度管理系统搭建后，可以快速满足项目现场工具申请需求，固化管理流程，降低企业运营风险，降低工具闲置和租用成本。

（四）关键功能

1. 基础信息维护

如图 3-395 所示，配置"资产台账"表单，实时同步资产台账信息，并允许各项目成员关联查询。

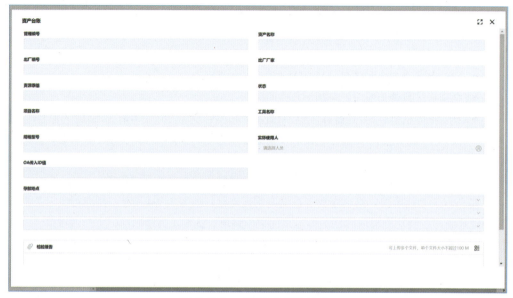

图 3-395 "资产台账"表单

并分别配置"工具档案"（见图 3-396）、"工具包档案"（见图 3-397）、"区域信息"、"机型信息"、"项目基础信息"（见图 3-398）表单，规范基础数据。

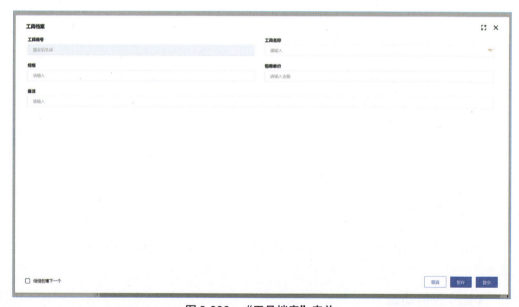

图 3-396 "工具档案"表单

图 3-397　"工具包档案"表单

图 3-398　"项目基础信息"表单

2. 运维工具需求申请

需求申请主要涉及"运维工具需求申请单"表单和"运维工具需求池"页面，如图 3-399 和图 3-400 所示。业务人员填写"运维工具需求申请单"表单发起申请，管理人员在"运维工具需求池"页面中处理申请。

图 3-399 "运维工具需求申请单"表单

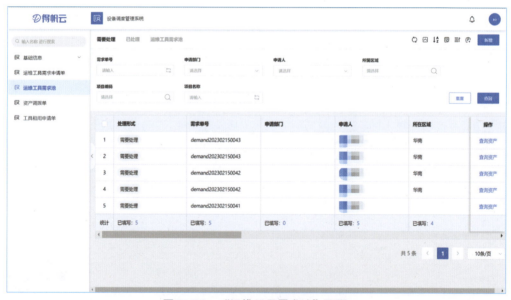

图 3-400 "运维工具需求池"页面

如图 3-401 所示，业务人员申请时可以通过触发"获取工具包下全部工具信息"节点，直接获取对应工具包的工具信息。

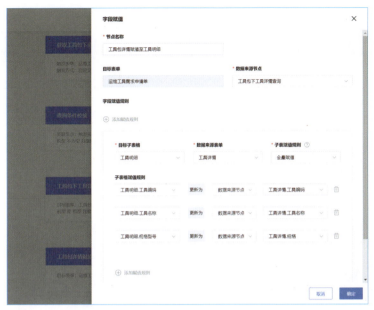

图 3-401　获取工具包的工具信息

在主表中填写申请时间和预计归还时间后，可以批量带入工具明细子表中，如图 3-402 所示。

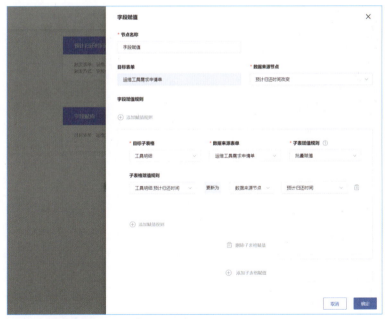

图 3-402　将申请时间和预计归还时间带入工具明细子表

运维工具需求申请审批通过后，系统根据需求申请明细维度，将需求放入需求池，如图 3-403 和图 3-404 所示。工具管理人员可以对需求进行处理。

图 3-403　运维工具需求申请审批

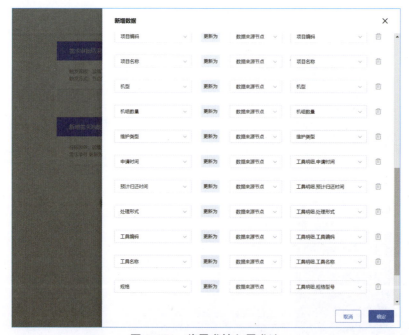

图 3-404　将需求放入需求池

新生成的需求归于"需要处理"类型的需求池，如图 3-405 所示，已处理的需求状态更新为"已处理"。在运维工具需求池中，可以查看全部状态的需求数据。

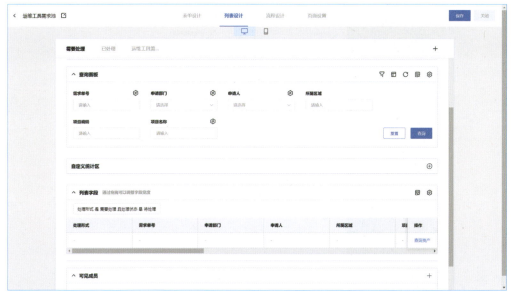

图 3-405   "需要处理"类型的需求池

在运维工具需求池中，也可以通过规格型号查询具体工具的具体型号等资产台账信息，如图 3-406 所示，也可以进行调用，如图 3-407 所示。

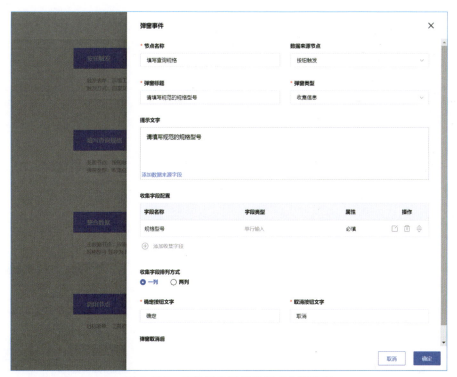

图 3-406   查询具体工具的资产台账信息

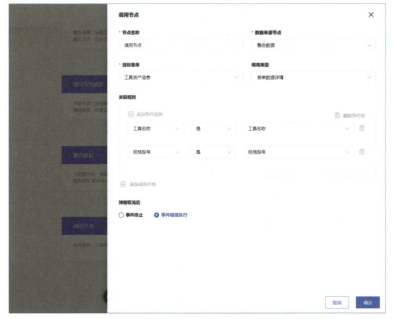

图 3-407   调用具体工具的资产台账信息

3. 运维工具调拨

工具管理员可以在需求池中对工具需求进行调拨处理，同项目的需求汇总生成一张资产调拨单，如图 3-408 所示。提交资产调拨单后，需求池中对应的数据的处理状态变更为"已处理"。

图 3-408   资产调拨单

4. 运维工具租用

工具管理员可以在缺少工具时，申请租用工具，同项目的需求汇总生成一张工具租用申请单，如图 3-409 所示。工具租用申请单提交后，需求池中对应的数据的处理状态变更为"已处理"。

图 3-409 工具租用申请单

5. 运维工具归还

系统自动查询工具是否到期，如图 3-410 所示，工具租用到期前 3 天，系统可以自动发送到期提醒，如图 3-411 所示。

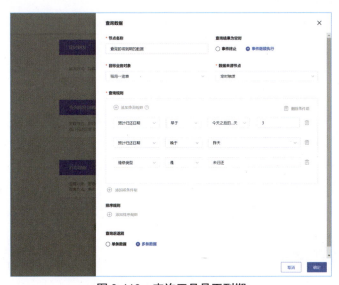

图 3-410 查询工具是否到期

图 3-411　到期提醒

如果仍需租用，则可以在租用一览表中填写续租时间，如图 3-412 所示，系统自动更新租用日期以实现续租，如图 3-413 所示，续租后系统自动通知工具管理员。

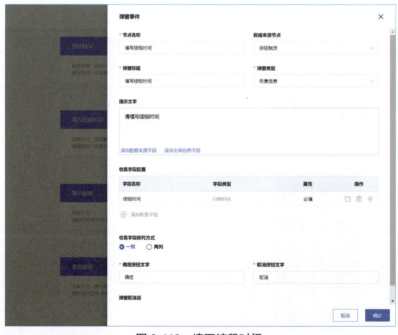

图 3-412　填写续租时间

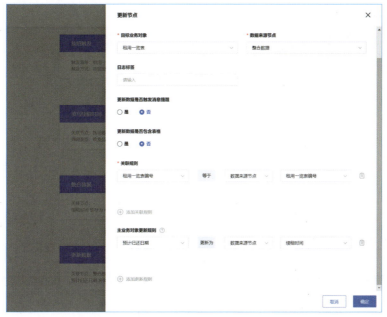

图 3-413　更新租用日期

　　工具寄回给厂商后，填写实际归还时间和归还证明，如图 3-414 所示。业务流程结束后，工具状态变更为"已归还"，如图 3-415 所示，工具状态变更后也会向工具管理员发送归还提醒，如图 3-416 所示。

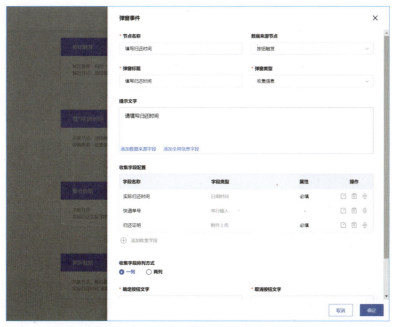

图 3-414　填写实际归还时间和归还证明

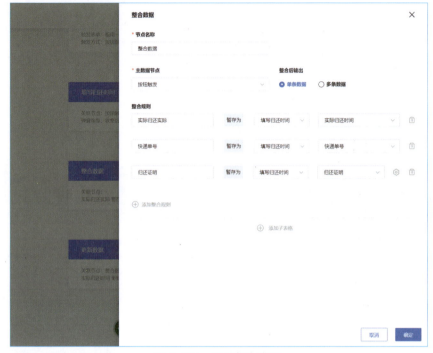

图 3-415 工具状态变更

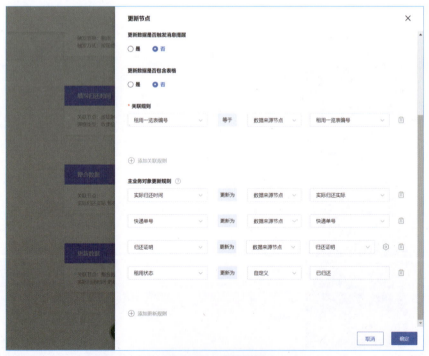

图 3-416 归还提醒

（五）项目总结

工具调度管理系统是工具管理的有益工具。它不仅统一了企业基础数据，规范了业务流程，还在提高费用估算准确度、实现资源共享方面发挥着重要作用。

应用工具调度管理系统以来，企业工具管理流程更加规范化，业务进度监控更加智能化，为企业实体资源管理效能整体提升奠定了基础。

第四章

制造企业数字化转型的成功要素
和未来展望

第一节　成功要素

针对制造企业应用场景繁多、数据量大及业务流程复杂等特性，低代码更贴合制造企业的应用需求，即"（低代码＋平台）×即服务"。

用低代码与平台的融合力量搭建企业敏捷的数字底座。以低代码为应用赋能，以平台集成数据与系统，屏蔽底层基础架构的差异性，实现复杂应用的定制和扩展。制造企业拥有较多的系统和数据资产，平台在集成既有资产的基础上，拥有"长出"敏捷应用的能力，以匹配多样化的业务场景和复杂的业务流程。得帆云 DeCod 低代码平台具备以数据为核心、面向多云异构、承载多元应用、协助流程治理、联通生态价值五大要素，能帮助制造企业搭建敏捷的数字底座。

以即服务的方式灵活、轻便地对内外提供应用与服务。低代码将代码基于业务需求和市场特性进行封装，将代码能力服务化，使其易于使用、集成和扩展，重新定义代码能力的边界，从而更敏捷地满足数字化需求，成就企业的开放与创新，并将有助于制造企业将一线开发资源和经验输出给生态伙伴，协同产业转型数字化升级。

得帆云团队也将把场景化解决方案作为支点，结合对制造行业的深度理解和丰富经验，提炼行业场景特性，形成基于场景痛点全新的、具有全局性的解决方案，帮助更多制造企业形成高效的运营和管理模式。

一、数据连接和开放集成，注重平台化建设

平台化是一种实现连接和共享的方式，是提高工作效率和产品质量的重要手段。数字化

平台应具备灵活性和开放性。

得帆云 DeCod 低代码平台具备高集成度、低编程门槛的特点，提供丰富的模板和插件，可以为整个公司提供应用平台底座，带来显著的规模经济效益。在得帆云 DeCod 低代码平台的基础上，企业可以在场景中赋予不同职能部门相应的权限来共享相应的数据，联通众部门，将核心的业务数据按照权限互联互通，减少因需求传达不到位及沟通隔阂而产生的问题，打破数据孤岛，提高各部门的工作效率，从而推进企业项目的进度，以及提高产品的质量。

二、沟通和理解业务，深入研究个性场景

面对多样性、个性化及快速变化的场景需求，得帆云团队在解决过程中积极主动地理解制造企业业务和场景，洞察设计机会点，降低场景复杂性。得帆云团队一般根据 5W2H 方法：为什么（Why）、做什么（What）、何人做（Who）、何时（When）、何地（Where）、如何（How）、多少（How much），深入了解需求的内容，挖掘场景需求，保证设计方案不出现大的功能偏差。

在构建低代码应用的过程中，得帆云团队根据实际需要，灵活采取敏捷开发、精准交付等模式，并全流程与客户密切交流，共同优化已有方案，定期汇报项目进度，对关键事项进行协调沟通，提高客户满意度和应用交付质量。

三、业务部门联合开发，IT 部门协同创新

对于大型企业的数字化转型，宣传和贯彻统一的数字化文化非常重要。制造企业应在内部提升对低代码的认可度，从上到下建设创新的业务场景开发文化，不仅要将业务部门、IT 部门的员工组织起来，还要将不同业务部门的员工组织起来，整合分散的生产、供应链、销售等流程。

通过得帆云 DeCod 低代码平台使能各部门协同创新。一方面业务人员自身业务可以通过低代码实现，成为数字化的最大受益者，还能促进企业资源共享和效率提升，释放业务人员的编程潜能；另一方面能让技术人员站在业务的角度看技术，使技术人员可以抽象并提取应用开发过程中的烦琐底层架构与基础设施任务，供业务人员使用。

四、顶层设计，整体布局复杂场景建设

数字化转型并非一蹴而就，顶层设计和管理层的支持不可或缺，且不可单一模块、单一部门推进。制造企业管理层或数字化主导部门应当秉持"以人为本""以员工为本"的思想，

结合企业健康状态、业务运营、人员组织、部门架构，并根据人力资源与 IT 人才储备、硬件软件设备、信息化程度、数字化基础、管理层态度等确定数字化及复杂场景建设的周期性计划和目标，保证企业内部研发、生产、营销、销售、人事、采购等部门全面协同推进数字化转型。同时应避免因单点规划、逐个推进导致的利益不平衡、流程机制无法协同等问题，这些问题将导致数字化周期延长、数字化成果受到影响。

五、实现多环境兼容，使能智能化技术应用

企业应对新技术的应用持开放态度，可以将低代码平台作为智能连接器，引入 AI（Artificial Intelligence，人工智能）、IoT（Internet of Things，物联网）、机器学习、流式处理流程等智能化技术，用智能化应用使能业务。得帆云 DeCod 低代码平台与新兴技术进行有机融合，成为未来主流的大数据分析和服务基础设施，并为企业培养相关技术预备人才。通过预先构建的连接器接入已有主流企业系统，基于标准的 REST 和 SOAP 服务，无须编码就可以与多环境兼容，从而成为解决系统升级、将制造企业业务导入云端等问题的利器。

六、注重内外连接，实现可信连接

随着得帆云 DeCod 低代码平台功能的不断完善，其带来的数字化普惠还将持续深入。企业可以使用得帆云 DeCod 低代码平台为内外合作开辟新路径，获得企业认可的合作方可以使用企业提供的底层接口实现可信连接。内外连接采用统一的数据模型管理，通过底层数据的模型化实现业务系统间的集成，实现数据互联互通，从而提升数据的价值。

七、丰富应用生态，持续优化实践

得帆云 DeCod 低代码平台已经从最初的软件开发工具，进化到如今的即服务聚合平台。制造企业在该平台上，可以进行能力的开放和合作的互通，鼓励 SaaS 厂商和传统软件厂商、服务商和渠道商等加入聚合平台，共同服务用户。随着模板和应用的沉淀，生态的进一步丰富，平台将承载更多厂商质量控制、产品交付服务提供、账号体系管理等责任，帮助企业和行业打破数据孤岛和优化用户体验。

第二节　未来展望

一、未来展望

（一）低代码发展的机遇

与传统的软件开发方式相比，低代码在开发流程和开发技术两个方面都有了长足的进步。

从开发流程上来说，低代码的开发方式通过低代码平台提供的交流规范，使业务人员对应用开发的参与度与掌控度更高，从而提高应用交付的成功率，这种改进后的应用开发流程有助于降低开发人员与业务人员的沟通成本，缩短开发周期，助力企业数字化进程。

从开发技术上来说，低代码开发方式通过图形化拖曳的方式，能够大幅度降低工作量，同时，可复用模块可以减少应用的 Bug。总体来看，与传统开发方式相比，使用低代码开发应用可以帮助企业缩短开发周期、降低开发成本，助力企业建设全新的云化的应用，实现更高的业务敏捷性。

低代码开发可以帮助企业灵活搭建数字化应用，满足企业各业务部门的个性化、碎片化需求。据 IDC 统计，当前低代码主要应用于面向企业内部的应用，占此类应用总量的比例达到 11.6%；其次是面向企业的应用，占比为 6.67%；最后是面向客户的应用，占比仅为 3.66%。

从应用的综合特性来分析，说明低代码在面向敏态业务方面，灵活性和敏捷性还需要进一步增强。得帆也会继续加强行业知识的积累，提升组件和模块的丰富性。随着低代码平台功能的完善，越来越多的行业与企业开始使用低代码平台构建其核心业务。低代码的发展有赖于行业、企业与低代码厂商的共同努力。

（二）得帆建议

近年来，数字化转型带来的企业客观需要、资本的持续关注，以及厂商持续不断的市场宣传和市场培育等因素，使市场对低代码开发的关注度异常高。各类厂商纷纷涌入低代码赛道，造成低代码市场中厂商和产品众多、侧重的能力有所不同的情况，在这种百花齐放的局面下，制造企业对如何选择低代码平台难免会感到无所适从。

制造行业最终用户在进行低代码开发实践前，会综合评估厂商在产品、服务、生态建设、同业成功案例等相关情况，根据企业自身的 IT 规划和能力，并结合行业特征，选择适合自己的低代码产品，确保后续低代码开发实践的成功。制造企业可以重点考查以下 3 个方面。

- 平台与企业规模的匹配度：制造企业使用低代码平台构建业务创新平台，旨在巩固企业竞争优势，做到差异化服务。针对制造企业的低代码平台必须满足企业由外而内地进行大规模数字连接，借助平台重新定义企业内部业务，重新发现核心价值，重新塑造市场，从而实现竞争优势的需求。

- 平台的集成度与可扩展能力：低代码平台协助制造企业高效管理日常的经营场景，需要集成一些常用组件和模块，比如数据管理组件、协作办公组件、报表管理组件等，使用内置的模块，降低开发难度。随着低代码平台沉淀越来越多的交付组件和模块，企业将实现更大范围的业务价值。因此，有众多个性化和细分行业应用场景的制造企业，低代码平台的灵活度和可拓展性是主要考虑因素之一。

- 平台的生态能力：低代码平台应提供相应的标准，使第三方厂商可以提供高内聚、低耦合、显性化配置、可流通的插件。比如利用 RPA 插件使软件自动化，减少软件开发中的人为操作，使开发更加高效。

制造企业普遍重视低代码在与业务系统的集成、组件和模型的丰富性、API 的开放性，以及连通数据的平台和大数据加工、处理等方面的能力，这也是各大低代码厂商为迎合市场需求正在着力发展的重点方向。

随着低代码厂商对平台能力的进一步探索与提升，结合低代码平台开放的生态系统，将能解决企业对多类型、个性化应用的需求，释放企业员工的潜能，充分借助应用提供的功能、数据和模组，缩短业务与软件之间的距离，打通业务部门与技术部门之间的隔阂，联通内外部数据，实现内外部场景的有效协作，共同驱动其应对多变复杂的外部环境。制造企业要及早采纳低代码产业形态，多维度地提升服务质量，在未来的市场竞争中占据主动。

二、客户好评

前长城汽车副总裁段总表示："长城对数字化转型的投入将是持续的，低代码平台的发展前景是乐观的，我们对低代码平台的应用场景持开放态度。未来随着低代码技术的不断完善、业务认可度的逐步提升及行业应用的不断成熟，低代码平台在长城将拥有更广阔的使用前景。"

上海三菱电梯的 CIO 戚总表示："低代码近些年取得了突飞猛进的发展，除了提高应用本身的开发效率，还可以大幅度节约沟通成本，提高应用成品的质量，进一步降低后续运维成本。我们认可低代码平台带来的经济效益，并期待在后续的使用过程中，能够创建出属于上海三菱电梯的、出彩的应用实践。"

华润双鹤智信部高级经理胡靓表示："选择得帆的原因在于，看重得帆大型企业的服务经验和对复杂场景的落地能力。此外，我们认为得帆未来发展潜力还是很大的，目前得帆低代码产品已经有了很高的成熟度，且正在不断迭代和完善。"

十月稻田信息部李总表示："低代码平台能为企业提供一站式的从应用搭建到商品交易、管理、运营的可视化服务系统。得帆了解农产品业态，其低代码产品稳定性高，易用性强，在开发与部署过程中与我们密切配合，建立了良好的信任与合作基础。"

　　在数字经济的大环境下，很多制造企业选择数字化转型，通过生产线和系统的升级换代来提高生产效率，提升产品和企业的竞争力，是制造企业大幅度提升自主创新能力，也是实现从传统工业化向现代产业化转型的关键。

　　虽然众多制造企业在接触或已使用低代码，但距离低代码被大范围使用还有很长的路要走。低代码值得在更多企业中得到广泛运用，如何赋予低代码产品足够的灵活性，快速实现数据与业务的统一，让更多企业了解到低代码的优越性，是所有低代码厂商努力的方向。